René Guén.

Le symbolisme de la croix

Essai

 Le code de la propriété intellectuelle du 1er juillet 1992 interdit en effet expressément la photocopie à usage collectif sans autorisation des ayants droit. Or, cette pratique s'est généralisée dans les établissements d'enseignement supérieur, provoquant une baisse brutale des achats de livres et de revues, au point que la possibilité même pour les auteurs de créer des œuvres nouvelles et de les faire éditer correctement est aujourd'hui menacée. En application de la loi du 11 mars 1957, il est interdit de reproduire intégralement ou partiellement le présent ouvrage, sur quelque support que ce soit, sans autorisation de l'Éditeur ou du Centre Français d'Exploitation du Droit de Copie , 20, rue Grands Augustins, 75006 Paris.

ISBN : 978-2-37976-198-0

10 9 8 7 6 5 4 3 2 1

René Guénon

Le symbolisme de la croix

Essai

Table de Matières

AVANT-PROPOS	7
Chapitre I	12
Chapitre II	17
Chapitre III	21
Chapitre IV	25
Chapitre V	33
Chapitre VI	36
Chapitre VII	41
Chapitre VIII	50
Chapitre IX	54
Chapitre X	62
Chapitre XI	65
Chapitre XII	68
Chapitre XIII	70
Chapitre XIV	72
Chapitre XV	77
Chapitre XVI	82
Chapitre XVII	86
Chapitre XVIII	89
Chapitre XIX	92
Chapitre XX	94
Chapitre XXI	97
Chapitre XXII	100
Chapitre XXIII	103
Chapitre XXIV	108
Chapitre XXV	113
Chapitre XXVI	118

Chapitre XXVII	120
Chapitre XXVIII	123
Chapitre XXIX	127
Chapitre XXX	131

à la mémoire vénérée de
ESH-SHEIKH ABDER-RAHMAN ELISH EL-KEBIR
el-alim el-malki el-maghribi
à qui est due
la première idée de ce livre

Meçr Èl-Qâhirah, 1329-1349 H.

AVANT-PROPOS

Au début de *L'Homme et son devenir selon le Vêdânta,* nous présentions cet ouvrage comme devant constituer le commencement d'une série d'études dans lesquelles nous pourrions, suivant les cas, soit exposer directement certains aspects des doctrines métaphysiques de l'Orient, soit adapter ces mêmes doctrines de la façon qui nous paraîtrait la plus intelligible et la plus profitable, mais en restant toujours strictement fidèle à leur esprit. C'est cette série d'études que nous reprenons ici, après avoir dû l'interrompre momentanément pour d'autres travaux nécessités par certaines considérations d'opportunité, et où nous sommes descendus davantage dans le domaine des applications contingentes ; mais d'ailleurs, même dans ce cas, nous n'avons jamais perdu de vue un seul instant les principes métaphysiques, qui sont l'unique fondement de tout véritable enseignement traditionnel.

Dans *L'Homme et son devenir selon le Vêdânta,* nous avons montré comment un être tel que l'homme est envisagé par une doctrine traditionnelle et d'ordre purement métaphysique, et cela en nous bornant, aussi strictement que possible, à la rigoureuse exposition et à l'interprétation exacte de la doctrine elle-même, ou de moins en n'en sortant que pour signaler, lorsque l'occasion s'en présentait, les concordances de cette doctrine avec d'autres formes traditionnelles. En effet, nous n'avons jamais entendu nous renfermer exclusivement dans une forme déterminée, ce qui serait d'ailleurs bien difficile dès lors qu'on a pris conscience de l'unité essentielle qui se dissimule sous la diversité des formes plus ou moins extérieures, celles-ci n'étant en somme que comme autant de vêtements d'une seule et même vérité. Si, d'une façon générale, nous avons pris comme point de vue central celui des doctrines hindoues, pour des raisons que nous avons déjà expliquées ailleurs [1], cela ne saurait nullement nous empêcher de recourir aussi, chaque fois qu'il y a lieu, aux modes d'expression qui sont ceux des autres traditions, pourvu, bien entendu, qu'il s'agisse toujours de traditions véritables, de celles que nous pouvons appeler régulières ou orthodoxes, en entendant ces mots dans le sens que nous avons défini en d'autres occasions [2]. C'est là, en particulier, ce que nous ferons ici, plus librement que dans le précédent ouvrage, parce que nous nous y attacherons, non plus à l'exposé d'une certaine branche de doctrine, telle qu'elle existe dans une certaine civilisation, mais à l'explication d'un symbole qui est précisément de ceux qui sont communs à presque toutes les traditions, ce qui est, pour nous, l'indication qu'ils se rattachent directement à la grande Tradition primordiale.

Il nous faut, à ce propos, insister quelque peu sur un point qui est particulièrement important pour dissiper bien des confusions, malheureusement trop fréquentes à notre époque, nous voulons parler de la différence capitale qui existe entre « synthèse » et « syncrétisme ». Le syncrétisme consiste à rassembler du dehors des éléments plus ou moins disparates et qui, vus de cette façon, ne peuvent jamais être vraiment unifiés ; ce n'est en somme qu'une sorte d'éclectisme, avec tout ce que celui-ci comporte toujours de fragmentaire et d'incohérent. C'est là quelque chose de purement extérieur et superficiel ; les éléments pris de tous côtés et réunis ainsi artificiellement n'ont jamais que le caractère d'emprunts, incapables de s'intégrer effectivement dans une doctrine digne de ce nom. La synthèse, au contraire, s'effectue essentiellement du dedans ; nous voulons dire par là qu'elle consiste proprement à envisager les choses dans l'unité de leur principe même, à voir comment elles dérivent et dépendent de ce principe, et à les unir ainsi, ou plutôt à prendre conscience de leur union réelle, en vertu d'un lien tout intérieur, inhérent à ce qu'il y a de plus profond dans leur nature. Pour appliquer ceci à ce qui nous occupe présentement, on peut dire qu'il y aura syncrétisme toutes les fois qu'on se bornera à emprunter des éléments à différentes formes tradition-

1 <u>Orient et Occident</u>, 2ᵉ éd., pp. 203-207.
2 <u>Introduction générale à l'étude des doctrines hindoues</u>, 3ᵉ partie, chap. III ; <u>L'Homme et son devenir selon le Védânta</u>, 3ᵉ éd., chap. 1ᵉʳ.

nelles, pour les souder en quelque sorte extérieurement les uns aux autres, sans savoir qu'il n'y a au fond qu'une doctrine unique dont ces formes sont simplement autant d'expressions diverses, autant d'adaptations à des conditions mentales particulières, en relation avec des circonstances déterminées de temps et de lieux. Dans un pareil cas, rien de valable ne peut résulter de cet assemblage ; pour nous servir d'une comparaison facilement compréhensible, on n'aura, au lieu d'un ensemble organisé, qu'un informe amas de débris inutilisables, parce qu'il y manque ce qui pourrait leur donner une unité analogue à celle d'un être vivant ou d'un édifice harmonieux ; et c'est le propre du syncrétisme, en raison même de son extériorité, de ne pouvoir réaliser une telle unité. Par contre, il y aura synthèse quand on partira de l'unité même, et quand on ne la perdra jamais de vue à travers la multiplicité de ses manifestations ce qui implique qu'on a atteint, en dehors et au-delà des formes, la conscience de la vérité principielle qui se revêt de celles-ci pour s'exprimer et se communiquer dans la mesure du possible. Dès lors, on pourra se servir de l'une ou de l'autre de ces formes, suivant qu'il y aura avantage à le faire, exactement de la même façon que l'on peut, pour traduire une même pensée, employer des langages différents selon les circonstances, afin de se faire comprendre des divers interlocuteurs à qui l'on s'adresse ; c'est là, d'ailleurs, ce que certaines traditions désignent symboliquement comme le « don des langues ». Les concordances entre toutes les formes traditionnelles représentent, pourrait-on dire, des « synonymies » réelles ; c'est à ce titre que nous les envisageons, et, de même que l'explication de certaines choses peut-être plus facile dans telle langue que dans telle autre, une de ces formes pourra convenir mieux que les autres à l'exposé de certaines vérités et rendre celles-ci plus aisément intelligibles. Il est donc parfaitement légitime de faire usage, dans chaque cas, de la forme qui apparaît comme la mieux appropriée à ce qu'on se propose ; il n'y a aucun inconvénient à passer de l'une à l'autre, à la condition qu'on en connaisse réellement l'équivalence, ce qui ne peut se faire qu'en partant de leur principe commun. Ainsi, il n'y a là nul syncrétisme ; celui-ci, du reste, n'est qu'un point de vue purement « profane », incompatible avec la notion même de la « science sacrée » à laquelle ces études se réfèrent exclusivement.

La croix, avons-nous dit, est un symbole qui, sous des formes diverses, se rencontre à peu près partout, et cela dès les époques les plus reculées ; elle est donc fort loin d'appartenir proprement et exclusivement au Christianisme comme certains pourraient être tentés de le croire. Il faut même dire que le Christianisme, tout au moins sous son aspect extérieur et généralement connu, semble avoir quelque peu perdu de vue le caractère symbolique de la croix pour ne plus la regarder que comme le signe d'un fait historique ; en réalité, ces deux points de vue ne s'excluent aucunement, et même le second n'est en un certain sens qu'une conséquence du premier ; mais cette façon d'envisager les choses est tellement étrangère à la grande majorité de nos contemporains que nous devons nous y arrêter un instant pour éviter tout malentendu. En effet, on a trop souvent tendance à penser que l'admission d'un sens symbolique doit entraîner le rejet du sens littéral ou historique ; une telle opinion ne résulte que de l'ignorance de la loi de correspondance qui est le fondement même de tout symbolisme, et en vertu de laquelle chaque chose, procédant essentiellement d'un principe métaphysique dont elle tient toute sa réalité, traduit ou exprime ce principe à sa manière et selon son ordre d'existence, de telle sorte que, d'un ordre à l'autre, toutes choses s'enchaînent et se correspondent pour concourir à l'harmonie universelle et totale, qui est, dans la multiplicité de la manifestation, comme un reflet de l'unité principielle elle-même. C'est pourquoi les lois d'un domaine inférieur peuvent toujours être prises pour symboliser les réalités d'un ordre supérieur, où elles ont leur raison profonde, qui est à la fois leur principe et leur fin ; et nous pouvons rappeler à cette occasion, d'autant plus que nous en trouverons ici même des exemples, l'erreur des modernes interprétations « naturalistes » des antiques doctrines traditionnelles, interprétations qui renversent purement et simplement la hiérarchie des rapports entre les différents ordres de réalités. Ainsi, les symboles ou les mythes n'ont jamais eu pour rôle, comme le prétend une théorie beaucoup trop répandue de nos jours, de représenter le mouvement des astres ; mais la vérité est qu'on y trouve souvent des figures inspirées de celui-ci et destinées à exprimer analogiquement tout autre chose, parce que les lois de ce mouvement traduisent physiquement les principes métaphysiques dont elles dépendent. Ce que nous disons des phénomènes astronomiques, on peut le dire également, et au même titre, de tous les autres genres de phénomènes naturels : ces phénomènes, par là même qu'ils dérivent de principes supérieurs et transcendants, sont véritablement des symboles de ceux-ci ; et il est évident que cela n'affecte en rien la réalité propre que ces phénomènes comme tels possèdent dans l'ordre d'existence auquel ils appartiennent ; tout au contraire, c'est même là ce qui fonde cette réalité, car, en dehors de leur dépendance à l'égard des principes, toutes choses ne seraient qu'un pur néant. Il en est des faits historiques comme de tout le reste : eux aussi se conforment nécessairement à la loi de correspondance dont nous venons de parler et, par là même, traduisent selon leur mode les réalités supérieures, dont ils ne sont en quelque sorte qu'une expression humaine ; et nous ajouterons que c'est ce qui fait tout leur intérêt à notre point de vue, entièrement différent, cela va de soi, de celui auquel se placent les historiens « profanes »[1]. Ce caractère symbolique, bien que commun à tous les faits historiques, doit être particulièrement net pour ceux qui relèvent de ce qu'on peut appeler plus proprement l'« histoire sacrée » ; et c'est ainsi qu'on le trouve notamment, d'une façon très frappante, dans toutes les circonstances de la vie du Christ. Si l'on a bien compris ce que nous venons d'exposer, on verra immédiatement que non seulement ce n'est pas là une raison pour nier la réalité de ces événements et les traiter de « mythes » purs et simples, mais qu'au contraire ces événements devaient être tels et qu'il ne pouvait en être autrement ; comment pourrait-on d'ailleurs attribuer un caractère sacré à ce qui serait dépourvu de toute signification transcendante ? En particulier, si le Christ est mort sur la croix, c'est pouvons-nous dire, en raison de la valeur symbolique que la croix possède en elle-même et qui lui a toujours été reconnue par toutes les traditions ; c'est ainsi que, sans diminuer en rien sa signification historique, on peut la regarder comme n'étant que dérivée de cette valeur symbolique même.

Une autre conséquence de la loi de correspondance, c'est la pluralité des sens inclus en tout symbole : une chose quelconque, en effet, peut être considérée comme représentant non seulement les principes métaphysiques, mais aussi les réalités de tous les ordres

---

[1] « La vérité historique elle-même n'est solide que quand elle dérive du Principe » (*Tchoang-Tseu,* chap. xxv).

qui sont supérieurs au sien, bien qu'encore contingents, car ces réalités, dont elle dépend aussi plus ou moins directement, jouent par rapport à elle le rôle de « causes secondes » ; et l'effet peut toujours être pris comme un symbole de la cause, à quelque degré que ce soit, parce que tout ce qu'il n'est que l'expression de quelque chose qui est inhérent à la nature de cette cause. Ces sens symboliques multiples et hiérarchiquement superposés ne s'excluent nullement les uns les autres, pas plus qu'ils n'excluent le sens littéral ; ils sont au contraire parfaitement concordants entre eux, parce qu'ils expriment en réalité les applications d'un même principe à des ordres divers ; et ainsi ils se complètent et se corroborent en s'intégrant dans l'harmonie de la synthèse totale. C'est d'ailleurs là ce qui fait du symbolisme un langage beaucoup moins étroitement limité que le langage ordinaire, et ce qui le rend seul apte à l'expression et à la communication de certaines vérités ; c'est par là qu'il ouvre des possibilités de conception vraiment illimitées ; c'est pourquoi il constitue le langage initiatique par excellence, le véhicule indispensable de tout enseignement traditionnel.

La croix a donc, comme tout symbole, des sens multiples ; mais notre intention n'est pas de les développer tous également ici, et il en est que nous ne ferons qu'indiquer occasionnellement. Ce que nous avons essentiellement en vue, en effet, c'est le sens métaphysique, qui est d'ailleurs le premier et le plus important de tous, puisque c'est proprement le sens principiel ; tout le reste n'est qu'applications contingentes et plus ou moins secondaires ; et, s'il nous arrive d'envisager certaines de ces applications, ce sera toujours, au fond, pour les rattacher à l'ordre métaphysique, car c'est là ce qui, à nos yeux, les rend valables et légitimes, conformément à la conception, si complètement oubliée du monde moderne, qui est celle des « sciences traditionnelles ».

Chapitre I
LA MULTIPLICITÉ DES ÉTATS DE L'ETRE.

Un être quelconque, que ce soit l'être humain ou tout autre, peut évidemment être envisagé à bien des points de vue différents, nous pouvons même dire à une indéfinité de points de vue, d'importance fort inégale, mais tous également légitimes dans leurs domaines respectifs, à la condition qu'aucun d'eux ne prétende dépasser ses limites propres, ni surtout devenir exclusif et aboutir à la négation des autres. S'il est vrai qu'il en est ainsi, et si par conséquent on ne peut refuser à aucun de ces points de vue, même au plus secondaire et au plus contingent d'entre eux, la place qui lui appartient par le seul fait qu'il répond à quelque possibilité, il n'est pas moins évident, d'autre part, que, au point de vue métaphysique, qui seul nous intéresse ici, la considération d'un être sous son aspect individuel est nécessairement insuffisante, puisque qui dit métaphysique dit universel. Aucune doctrine qui se borne à la considération des êtres individuels ne saurait donc mériter le nom de métaphysique, quels que puissent être d'ailleurs son intérêt et sa valeur à d'autres égards ; une telle doctrine peut toujours être dite proprement « physique », au sens originel de ce mot, puisqu'elle se tient exclusivement dans le domaine de la « nature », c'est-à-dire de la manifestation, et encore avec cette restriction qu'elle n'envisage que la seule manifestation formelle, ou même plus spécialement un des états qui constituent celle-ci.

Bien loin d'être en lui-même une unité absolue et complète, comme le voudraient la plupart des philosophes occidentaux, et en tout cas les modernes sans exception, l'individu ne constitue en réalité qu'une unité relative et fragmentaire. Ce n'est pas un tout fermé et se suffisant à lui-même, un « système clos » à la façon de la « monade » de Leibnitz ; et la notion de la « substance individuelle », entendue en ce sens, et à laquelle ces philosophes attachent en général une si grande importance, n'a aucune portée proprement métaphysique : au fond, ce n'est pas autre chose que la notion logique du « sujet », et si elle peut sans doute être d'un grand usage à ce titre, elle ne peut légitimement être transportée au-delà des limites de ce point de vue spécial. L'individu, même envisagé dans toute l'extension dont il est susceptible, n'est pas un être total, mais seulement un état particulier de manifestation d'un être, état soumis à certaines conditions spéciales et déterminées d'existence, et occupant une certaine place dans la série indéfinie des états de l'être total. C'est la présence de la forme parmi ces conditions d'existence qui caractérise un état comme individuel ; il va de soi, d'ailleurs, que cette forme ne doit pas être conçue nécessairement comme spatiale, car elle n'est telle que dans le seul monde corporel, l'espace étant précisément une des conditions qui définissent proprement celui-ci [1].

Nous devons rappeler ici, au moins sommairement, la distinction fondamentale du « Soi » et du « moi », ou de la « personnalité » et de l'« individualité », sur laquelle nous avons déjà donné ailleurs toutes les explications nécessaires [2]. Le « Soi », avons-nous dit, est le principe transcendant et permanent dont l'être manifesté, l'être humain par exemple, n'est qu'une modification transitoire et contingente, modification qui ne saurait d'ailleurs aucunement affecter le principe. Immuable en sa nature propre, il développe ses possibilités dans toutes les modalités de réalisation, en multitude indéfinie, qui sont pour l'être total autant d'états différents, états dont chacun a ses conditions d'existence limitatives et déterminantes, et dont un seul constitue la portion ou plutôt la détermination particulière de cet être qui est le « moi » ou l'individualité humaine. Du reste, ce développement n'en est un, à vrai dire, qu'autant qu'on l'envisage du côté de la manifestation, en dehors, de laquelle tout doit nécessairement être en parfaite simultanéité dans l'« éternel présent » ; et c'est pourquoi la « permanente actualité » du « Soi » n'en est pas affectée. Le « Soi » est ainsi le principe par lequel existe, chacun dans son domaine propre, que nous pouvons appeler un degré d'existence, tous les états de l'être ; et ceci doit s'entendre, non seulement des états manifestés, individuels comme l'état humain ou supra-individuels, c'est-à-dire, en d'autres termes, formels ou informels, mais aussi, bien que le mot « exister » devienne alors impropre, des états non-manifestés, comprenant toutes les possibilités qui, par leur nature même, ne sont susceptibles d'aucune manifestation, en même temps que les possibilités de manifestation elles-mêmes en mode principiel ; mais ce « Soi » lui-même n'est que par soi, n'ayant et ne pouvant avoir, dans l'unité totale et indivisible de sa nature intime, aucun principe qui lui soit extérieur.

Nous venons de dire que le mot « exister » ne peut pas s'appliquer proprement au non-manifesté, c'est-à-dire en somme à l'état principiel ; en effet, pris dans son sens strictement étymologique (du latin *ex-stare*), ce mot indique l'être dépendant à l'égard d'un

---
1 Voir *L'Homme et son devenir selon le Vêdânta,* chap. II et X
2 *Ibid.,* chap. II.

Chapitre I

principe autre que lui-même, ou, en d'autres termes, celui qui n'a pas en lui-même sa raison suffisante, c'est-à-dire l'être contingent, qui est la même chose que l'être manifesté [1]. Lorsque nous parlerons de l'Existence, nous entendrons donc par là, la manifestation universelle, avec tous les états ou degrés qu'elle comporte degrés dont chacun peut être désigné également comme un « monde », et qui sont en multiplicité indéfinie ; mais ce terme ne conviendrait plus au degré de l'Être pur, principe de toute la manifestation et lui-même non-manifesté, ni, à plus forte raison, à ce qui est au-delà de l'Être même.

Nous pouvons poser en principe, avant toutes choses, que l'Existence, envisagée universellement suivant la définition que nous venons d'en donner, est unique dans sa nature intime, comme l'Être est un en soi-même, et en raison précisément de cette unité, puisque l'Existence universelle n'est rien d'autre que la manifestation intégrale de l'Être, ou, pour parler plus exactement, la réalisation, en mode manifesté, de toutes les possibilités que l'Être comporte et contient principiellement dans son unité même. D'autre part, pas plus que l'unité de l'Être sur laquelle elle est fondée, cette « unicité » de l'Existence, s'il nous est permis d'employer ici un terme qui peut paraître un néologisme [2], n'exclut la multiplicité des modes de la manifestation ou n'en est affectée, puisqu'elle comprend également tous ces modes par là même qu'ils sont également possibles, cette possibilité impliquant que chacun d'eux doit être réalisé selon les conditions qui lui sont propres. Il résulte de là que l'Existence, dans son « unicité », comporte, comme nous l'avons déjà indiqué tout à l'heure, une indéfinité de degrés, correspondant à tous les modes de la manifestation universelle ; et cette multiplicité indéfinie des degrés de l'Existence implique corrélativement, pour un être quelconque envisagé dans sa totalité, une multiplicité pareillement indéfinie d'états possibles, dont chacun doit se réaliser dans

---

1 Il résulte de là que, rigoureusement parlant, l'expression vulgaire « existence de Dieu » est un non-sens, que l'on entende d'ailleurs par « Dieu », soit l'Être comme on le fait le plus souvent, soit, à plus forte raison, le Principe Suprême qui est au-delà de l'Être.
2 Ce terme est celui qui nous permet de rendre le plus exactement l'expression arabe équivalente *Wahda-tul-wujûd*. — Sur la distinction qu'il y a lieu de faire entre l'« unicité » de l'Existence, l'« unité » de l'Être et la « non-dualité » du Principe Suprême, voir *L'Homme et son devenir selon le Védânta*, chap. VI.

un degré déterminé de l'Existence.

Cette multiplicité des états de l'être, qui est une vérité métaphysique fondamentale, est vraie déjà lorsque nous nous bornons à considérer les états de manifestation, comme nous venons de le faire ici, et comme nous devons le faire dès lors qu'il s'agit seulement de l'Existence ; elle est donc vraie *a fortiori* si l'on considère à la fois les états de manifestation et les états de non-manifestation, dont l'ensemble constitue l'être total, envisagé alors, non plus dans le seul domaine de l'Existence, même pris dans toute l'intégralité de son extension, mais dans le domaine illimité de la Possibilité universelle. Il doit être bien compris, en effet, que l'Existence ne renferme que les possibilités de manifestation, et encore avec la restriction que ces possibilités ne sont conçues alors qu'en tant qu'elles se manifestent effectivement, puisque, en tant qu'elles ne se manifestent pas, c'est-à-dire principiellement, elles sont au degré de l'Être. Par conséquent, l'Existence est loin d'être toute la Possibilité, conçue comme véritablement universelle et totale, en dehors et au-delà de toutes les limitations, y compris même cette première limitation que constitue la détermination la plus primordiale de toutes, nous voulons dire l'affirmation de l'Être pur [1].

Quand il s'agit des états de non-manifestation d'un être, il faut encore faire une distinction entre le degré de l'Être et ce qui est au-delà ; dans ce dernier cas, il est évident que le terme d'« être » lui-même ne peut plus être rigoureusement appliqué dans son sens propre ; mais nous sommes cependant obligés, en raison de la constitution même du langage, de le conserver à défaut d'un autre plus adéquat, en ne lui attribuant plus alors qu'une valeur purement analogique et symbolique, sans quoi il nous serait tout à fait impossible de parler d'une façon quelconque de ce dont il s'agit. C'est ainsi que nous pourrons continuer à parler de l'être total comme étant en même temps manifesté dans certains de ses états et non-manifesté dans d'autres états, sans que cela implique

---

1 Il est à remarquer que les philosophes, pour édifier leurs systèmes prétendent toujours, consciemment ou non, imposer quelque limitation à la Possibilité universelle, ce qui est contradictoire, mais ce qui est exigé par la constitution même d'un système comme tel ; il pourrait même être assez curieux de faire l'histoire des différentes théories philosophiques modernes, qui sont celles qui présentent au plus haut degré ce caractère systématique, en se plaçant à ce point de vue des limitations supposées de la Possibilité universelle.

aucunement que, pour ces derniers, nous devions nous arrêter à la considération de ce qui correspond au degré qui est proprement celui de l'Être [1].

Les états de non-manifestation sont essentiellement extra-individuels, et, de même que le « Soi » principiel dont ils ne peuvent être séparés, ils ne sauraient en aucune façon être individualisés ; quant aux états de manifestation, certains sont individuels, tandis que d'autres sont non-individuels, différence qui correspond, suivant ce que nous avons indiqué, à la distinction de la manifestation formelle et de la manifestation informelle. Si nous considérons en particulier le cas de l'homme, son individualité actuelle, qui constitue à proprement parler l'état humain, n'est qu'un état de manifestation parmi une indéfinité d'autres, qui doivent être tous conçus comme également possibles et, par là même, comme existant au moins virtuellement, sinon comme effectivement réalisés pour l'être que nous envisageons, sous un aspect relatif et partiel, dans cet état individuel humain.

Chapitre II
L'HOMME UNIVERSEL

La réalisation effective des états multiples de l'être se réfère à la conception de ce que différentes doctrines traditionnelles, et notamment l'ésotérisme islamique, désignent comme l'« Homme Universel » [2], conception qui, comme nous l'avons dit ailleurs, établit l'analogie constitutive de la manifestation universelle et de sa modalité individuelle humaine, ou, pour employer le langage de l'hermétisme occidental, du « macrocosme » et du « microcosme » [3]. Cette notion peut d'ailleurs être envisagée à différents

---

1 Sur l'état qui correspond au degré de l'Être et l'état inconditionné qui est au-delà de l'Être, voir *L'Homme et son devenir selon le Vêdânta*, chap. XIV et XV, 3ᵉ éd.
2 L'« Homme Universel » (en arabe *El-Insânul-kâmil*) est l'*Adam Qadmôn* de la *Qabbalah* hébraïque ; c'est aussi le « Roi » (*Wang*) de la tradition extrême-orientale (*Tao-te-king*, XXV). — Il existe, dans l'ésotérisme islamique, un assez grand nombre de traités de différents auteurs sur *El-Insânul-kâmil* ; nous mentionnerons seulement ici, comme plus particulièrement importants à notre point de vue, ceux de Mohyiddin ibn Arabi et d'Abdul-Karîm El-Jîli.
3 Nous nous sommes déjà expliqué ailleurs sur l'emploi que nous faisons de ces termes, ainsi que de certains autres pour lesquels nous estimons n'avoir pas à nous

degrés et avec des extensions diverses, la même analogie demeurant valable dans tous ces cas [1] : ainsi, elle peut être restreinte à l'humanité elle-même, envisagée soit dans sa nature spécifique, soit même dans son organisation sociale, car c'est sur cette analogie que repose essentiellement, entre autres applications, l'institution des castes [2]. À un autre degré, déjà plus étendu, la même notion peut embrasser le domaine d'existence correspondant à tout l'ensemble d'un état d'être déterminé, quel que soit d'ailleurs cet état [3] ; mais cette signification, surtout s'il s'agit de l'état humain, même pris dans le développement intégral de toutes ses modalités, ou d'un autre état individuel, n'est encore proprement que « cosmologique », et ce que nous devons envisager essentiellement ici, c'est une transposition métaphysique de la notion de l'homme individuel, transposition qui doit être effectuée dans le domaine extra-individuel et supra-individuel. En ce sens, et si l'on se réfère à ce que nous rappelions tout à l'heure, la conception de l'« Homme Universel » s'appliquera tout d'abord, et le plus ordinairement, à l'ensemble des états de manifestation ; mais on peut la rendre encore plus universelle, dans la plénitude de la vraie acception de ce mot, en l'étendant également aux états de non-manifestation, donc à la réalisation complète et parfaite de l'être total, celui-ci étant entendu dans le sens supérieur que nous avons indiqué précédemment, et toujours avec la réserve que le terme « être » lui-même ne peut plus être pris alors que dans une signification purement analogique.

Il est essentiel de remarquer ici que toute transposition métaphysique du genre de celle dont nous venons de parler doit être regardée comme l'expression d'une analogie au sens propre de ce mot ; et nous rappellerons, pour préciser ce qu'il faut entendre par là,

---

préoccuper davantage de l'abus qui a pu en être fait parfois (*L'Homme et son devenir selon le Védânta,* chap. II et IV). — Ces termes, d'origine grecque, ont aussi en arabe leurs équivalents exacts (*El-Kawnul-kebir* et *El-Kawnuççeghir),* qui sont pris dans la même acception.

1 On pourrait faire une remarque semblable en ce qui concerne la théorie des cycles, qui n'est au fond qu'une autre expression des états d'existence : tout cycle secondaire reproduit en quelque sorte, à une moindre échelle, des phases correspondantes à celles du cycle plus étendu auquel il est subordonné.

2 Ch. le *Purusha-Sûkta* du *Rig-Vêda,* X, 90.

3 À ce sujet, et à propos du *Vaishwânara* de la tradition hindoue, voir *L'Homme et son devenir selon le Védânta,* chap. XII.

que toute véritable analogie doit être appliquée en sens inverse : c'est ce que figure le symbole bien connu du « sceau de Salomon », formé de l'union de deux triangles opposés [1]. Ainsi, par exemple, de même que l'image d'un objet dans un miroir est inversée par rapport à l'objet, ce qui est le premier ou le plus grand dans l'ordre principiel est, du moins en apparence, le dernier ou le plus petit dans l'ordre de la manifestation [2]. Pour prendre des termes de comparaison dans le domaine mathématique, comme nous l'avons fait à ce propos afin de rendre la chose plus aisément compréhensible, c'est ainsi que le point géométrique est nul quantitativement et n'occupe aucun espace, bien qu'il soit (et ceci sera précisément expliqué plus complètement par la suite) le principe par lequel est produit l'espace tout entier, qui n'est que le développement ou l'expansion de ses propres virtualités. C'est ainsi également que l'unité arithmétique est le plus petit des nombres si on l'envisage comme située dans leur multiplicité, mais qu'elle est le plus grand en principe, puisqu'elle les contient tous virtuellement et produit toute leur série par la seule répétition indéfinie d'elle-même.

Il y a donc analogie, mais non pas similitude, entre l'homme individuel, être relatif et incomplet, qui est pris ici comme type d'un certain mode d'existence, ou même de toute existence conditionnée, et l'être total, inconditionné et transcendant par rapport à tous les modes particuliers et déterminés d'existence, et même par rapport à l'Existence pure et simple, être total que nous désignons symboliquement comme l'« Homme Universel ». En raison de cette analogie, et pour appliquer ici, toujours à titre d'exemple, ce que nous venons d'indiquer, on pourra dire que, si l'« Homme Universel » est le principe de toute la manifestation, l'homme individuel devra en être en quelque façon, dans son ordre, la résultante et comme l'aboutissement, et c'est pourquoi toutes les traditions s'accordent à le considérer en effet comme formé par la synthèse de tous les éléments et de tous les règnes de la nature [3]. Il faut qu'il en

---

1 Voir *ibid.*, chap. I et III.
2 Nous avons montré que ceci se trouve très nettement exprimé à la fois dans des textes tirés les uns des *Upanishads* et les autres de l'Evangile.
3 Signalons notamment, à cet égard, la tradition islamique relative à la création des anges et à celle de l'homme. — Il va sans dire que la signification réelle de ces traditions n'a absolument rien de commun avec aucune conception « transformiste », ou même simplement « évolutionniste », au sens le plus général de ce mot, ni avec

soit ainsi pour que l'analogie soit exacte, et elle l'est effectivement ; mais, pour la justifier complètement, et avec elle la désignation même de l'« Homme Universel », il faudrait exposer, sur le rôle cosmogonique qui est propre à l'être humain, des considérations qui, si nous voulions leur donner tout le développement qu'elles comportent, s'écarteraient un peu trop du sujet que nous nous proposons de traiter plus spécialement, et qui trouveront peut-être mieux leur place en quelque autre occasion. Nous nous bornerons donc, pour le moment, à dire que l'être humain a, dans le domaine d'existence individuelle qui est le sien, un rôle que l'on peut véritablement qualifier de « central » par rapport à tous les autres êtres qui se situent pareillement dans ce domaine ; ce rôle fait de l'homme l'expression la plus complète de l'état individuel considéré, dont toutes les possibilités s'intègrent pour ainsi dire en lui, au moins sous un certain rapport, et à la condition de le prendre, non pas dans la seule modalité corporelle, mais dans l'ensemble de toutes ses modalités, avec l'extension indéfinie dont elles sont susceptibles [1]. C'est là que résident les raisons les plus profondes parmi toutes celles sur lesquelles peut se baser l'analogie que nous envisageons ; et c'est cette situation particulière qui permet de transposer valablement la notion même de l'homme, plutôt que celle de tout autre être manifesté dans le même état, pour la transformer en la conception traditionnelle de l'« Homme Universel » [2].

Nous ajouterons encore une remarque qui est des plus importantes : c'est que l'« Homme Universel » n'existe que virtuellement, et en quelque sorte négativement, à la façon d'un archétype idéal, tant que la réalisation effective de l'être total ne lui a pas donné l'existence actuelle et positive ; et cela est vrai pour tout être, quel qu'il soit, considéré comme effectuant ou devant effectuer une telle réalisation [3]. Disons d'ailleurs, pour écarter tout malentendu,

---

aucune des fantaisies modernes qui s'inspirent plus ou moins directement de telles conceptions antitraditionnelles.
1 La réalisation de l'individualité humaine intégrale correspond à l'« état primordial », dont nous avons eu souvent à parler déjà, et qui est appelé « état édénique » dans la tradition judéo-chrétienne.
2 Nous rappelons, pour éviter toute équivoque, que nous prenons toujours le mot « transformation » dans son sens strictement étymologique, qui est celui de « passage au-delà de la forme », donc au-delà de tout ce qui appartient à l'ordre des existences individuelles.
3 En un certain sens, ces deux états négatif et positif de l'« Homme Universel » cor-

qu'une telle façon de parler qui présente comme successif ce qui est essentiellement simultané en soi, n'est valable qu'autant qu'on se place au point de vue spécial d'un état de manifestation de l'être, cet état étant pris comme point de départ de la réalisation. D'autre part, il est évident que des expressions comme celles d'« existence négative » et d'« existence positive » ne doivent pas être prises à la lettre, là où la notion même d'« existence » ne s'applique proprement que dans une certaine mesure et jusqu'à un certain point ; mais les imperfections qui sont inhérentes au langage, par le fait même qu'il est lié aux conditions de l'état humain et même plus particulièrement de sa modalité corporelle et terrestre, nécessitent souvent l'emploi, avec quelques précautions, d'« images verbales » de ce genre, sans lesquelles il serait tout à fait impossible de se faire comprendre, surtout dans des langues aussi peu adaptées à l'expression des vérités métaphysiques que le sont les langues occidentales.

Chapitre III
LE SYMBOLISME MÉTAPHYSIQUE DE LA CROIX

La plupart des doctrines traditionnelles symbolisent la réalisation de l'« Homme Universel » par un signe qui est partout le même, parce que, comme nous le disions au début, il est de ceux qui se rattachent directement à la Tradition primordiale : c'est le signe de la croix, qui représente très nettement la façon dont cette réalisation est atteinte par la communion parfaite de la totalité des états de l'être, harmoniquement et conformément hiérarchisés, en épanouissement intégral dans les deux sens de l'« ampleur » et de l'« exaltation » [1]. En effet, ce double épanouissement de l'être peut

---

respondent respectivement, dans le langage de la tradition judéo-chrétienne, à l'état préalable à la « chute » et à l'état consécutif à la « rédemption » ; ce sont donc, à ce point de vue, les deux Adam dont parle saint Paul (1ʳᵉ *Epître aux Corinthiens*, xv), ce qui montre en même temps le rapport de l'« Homme Universel » avec le *Logos* (cf. *Autorité spirituelle et pouvoir temporel*, 2ᵉ éd. p. 98).

1 Ces termes sont empruntés au langage de l'ésotérisme islamique, qui est particulièrement précis sur ce point. — Dans le monde occidental, le symbole de la « Rose-Croix » a eu exactement le même sens, avant que l'incompréhension moderne ne donne lieu à toutes sortes d'interprétations bizarres ou insignifiantes ; la signification de la rose sera expliquée plus loin.

être regardé comme s'effectuant, d'une part, horizontalement, c'est-à-dire à un certain niveau ou degré d'existence déterminé, et d'autre part, verticalement, c'est-à-dire dans la superposition hiérarchique de tous les degrés. Ainsi, le sens horizontal représente l'« ampleur » ou l'extension intégrale de l'individualité prise comme base de la réalisation, extension qui consiste dans le développement indéfini d'un ensemble de possibilités soumises à certaines conditions spéciales de manifestation ; et il doit être bien entendu que, dans le cas de l'être humain, cette extension n'est nullement limitée à la partie corporelle de l'individualité, mais comprend toutes les modalités de celle-ci, l'état corporel n'étant proprement qu'une de ces modalités. Le sens vertical représente la hiérarchie, indéfinie aussi et à plus forte raison, des états multiples, dont chacun, envisagé de même dans son intégralité, est un de ces ensembles de possibilités, se rapportant à autant de « mondes » ou de degrés, qui sont compris dans la synthèse totale de l'« Homme Universel »[1]. Dans cette représentation cruciale, l'expansion horizontale correspond donc à l'indéfinité des modalités possibles d'un même état d'être considéré intégralement, et la superposition verticale à la série indéfinie des états de l'être total.

Il va de soi, d'ailleurs, que l'état dont le développement est figuré par la ligne horizontale peut être un état quelconque ; en fait ce sera l'état dans lequel se trouve actuellement, quant à sa manifestation, l'être qui réalise l'« Homme Universel », état qui est pour lui le point de départ et le support ou la base de cette réalisation. Tout état, quel qu'il soit, peut fournir à un être une telle base, ainsi qu'on le verra plus clairement par la suite ; si nous considérons

---

[1] « Lorsque l'homme, dans le « degré universel », s'exalte vers le sublime, lorsque surgissent en lui les autres degrés (états non-humains) en parfait épanouissement, il est l'« Homme Universel ». L'exaltation ainsi que l'ampleur ont atteint leur plénitude dans le Prophète (qui est ainsi identique à l'« Homme Universel ») » *(Epître sur la Manifestation du Prophète,* par le Sheikh Mohammed ibn Fadlallah El-Hindi). — Ceci permet de comprendre cette parole qui fut prononcée, il y a une vingtaine d'années, par un personnage occupant alors dans l'Islam, même au simple point de vue exotérique, un rang fort élevé : « Si les Chrétiens ont le signe de la Croix, les Musulmans en ont la doctrine. » Nous ajouterons que, dans l'ordre ésotérique, le rapport de l'« Homme Universel » avec le Verbe d'une part et avec le Prophète d'autre part ne laisse subsister, quant au fond même de la doctrine, aucune divergence réelle entre le Christianisme et l'Islam, entendus l'un et l'autre dans leur véritable signification. — Il semble que la conception du *Vohu-Mana,* chez les anciens Perses, ait correspondu aussi à celle de l'« Homme Universel ».

Chapitre III

plus particulièrement à cet égard l'état humain, c'est que celui-ci, étant le nôtre, nous concerne plus directement, de sorte que le cas auquel nous avons surtout affaire est celui des êtres qui partent de cet égard pour effectuer la réalisation dont il s'agit ; mais il doit être bien entendu que, au point de vue métaphysique pur, ce cas en constitue en aucune façon un cas privilégié.

On doit comprendre dès maintenant que la totalisation effective de l'être, étant au-delà de toute condition, est la même chose que ce que la doctrine hindoue appelle la « Délivrance » *(Moksha)*, ou que ce que l'ésotérisme islamique appelle l'« Identité Suprême » [1]. D'ailleurs, dans cette dernière forme traditionnelle, il est enseigné que l'« Homme Universel », en tant qu'il est représenté par l'ensemble « Adam-Ève », a le nombre d'*Allah*, ce qui est bien une expression de l'« Identité Suprême [2]. » Il faut faire à ce propos une remarque qui est assez importante, car on pourrait objecter que la désignation d'« Adam-Ève », bien qu'elle soit assurément susceptible de transposition, ne s'applique cependant, dans son sens propre, qu'à l'état humain primordial : c'est que, si l'« Identité Suprême » n'est réalisée effectivement que dans la totalisation des états multiples, on peut dire qu'elle est en quelque sorte réalisée déjà virtuellement au stade « édénique », dans l'intégration de l'état humain ramené à son centre originel, centre qui est d'ailleurs, comme on le verra, le point de communication directe avec les autres états [3].

Du reste, on pourrait dire aussi que l'intégration de l'état humain, ou de n'importe quel autre état, représente, dans son ordre et à son

---

[1] Voir à ce sujet les derniers chapitres de *L'Homme et son devenir selon la Vêdânta*.

[2] Ce nombre, qui est 66, est donné par la somme des valeurs numériques des lettres formant les noms *Adam wa Hawâ*. Suivant la *Genèse* hébraïque, l'homme « créé mâle et femelle », c'est-à-dire dans un état androgynique, est « à l'image de Dieu » ; et, d'après la tradition islamique, *Allah* ordonna aux anges d'adorer l'homme (*Qorân*, II, 34 ; XVII, 61 ; XVIII, 50). L'état androgynique originel est l'état humain complet, dans lequel les complémentaires, au lieu de s'opposer, s'équilibrent parfaitement ; nous aurons à revenir sur ce point dans la suite. Nous ajouterons seulement ici, que, dans la tradition hindoue, une expression de cet état se trouve contenue symboliquement dans le mot *Hamsa*, où les deux pôles complémentaires de l'être sont, en outre, mis en correspondance avec les deux phases de la respiration, qui représentent celles de la manifestation universelle.

[3] Les deux stades que nous indiquons ici dans la réalisation de l'« Identité Suprême » correspondent à la distinction que nous avons déjà faite ailleurs entre ce que nous pouvons appeler l'« immortalité effective » et l'« immortalité virtuelle » (voir *L'Homme et son devenir selon le Vêdânta,* chap. XVIII, 3ᵉ éd.).

degré, la totalisation même de l'être ; et ceci se traduira très nettement dans le symbolisme géométrique que nous allons exposer. S'il en est ainsi, c'est qu'on peut retrouver en toutes choses, notamment dans l'homme individuel, et même plus particulièrement encore dans l'homme corporel, la correspondance et comme la figuration de l'« Homme Universel », chacune des parties de l'Univers, qu'il s'agisse d'un monde ou d'un être particulier, étant partout et toujours analogue au tout. Aussi un philosophe tel que Leibnitz a-t-il eu raison, assurément, d'admettre que toute « substance individuelle » (avec les réserves que nous avons faites plus haut sur la valeur de cette expression) doit contenir en elle-même une représentation intégrale de l'Univers, ce qui est une application correcte de l'analogie du « macrocosme » et du « microcosme »[1] ; mais, en se bornant à la considération de la « substance individuelle » et en voulant en faire l'être même, un être complet et même fermé, sans aucune communication réelle avec quoi que ce soit qui le dépasse, il s'est interdit de passer du sens de l'« ampleur » à celui de l'« exaltation », et ainsi il a privé sa théorie de toute portée métaphysique véritable[2]. Notre intention n'est nullement d'entrer ici dans l'étude des conceptions philosophiques, quelles qu'elles puissent être, non plus que toute autre chose relevant pareillement du domaine « profane » ; mais cette remarque se présentait tout naturellement à nous, comme une application presque immédiate de ce que nous venons de dire sur les deux sens selon lesquels s'effectue l'épanouissement de l'être total.

Pour en revenir au symbolisme de la croix nous devons noter encore que celle-ci, outre la signification métaphysique et principielle dont nous avons exclusivement parlé jusqu'ici, a divers autres sens plus ou moins secondaires et contingents ; et il doit

---

[1] Nous avons eu déjà l'occasion de signaler que Leibnitz, différent en cela des autres philosophes modernes, avait eu quelques données traditionnelles, d'ailleurs assez élémentaires et incomplètes, et que, à en juger par l'usage qu'il en fait, il ne semble pas avoir toujours parfaitement comprises.

[2] Un autre défaut capital de la conception de Leibnitz, défaut qui, d'ailleurs, est peut-être lié plus ou moins étroitement à celui-là, c'est l'introduction du point de vue moral dans des considérations d'ordre universel où il n'a rien à voir, par le « principe du meilleur » dont ce philosophe a prétendu faire la « raison suffisante » de toute existence. Ajoutons encore, à ce propos, que la distinction du possible et du réel, telle que Leibnitz veut l'établir, ne saurait avoir aucune valeur métaphysique, car tout ce qui est possible est par là même réel selon son mode propre.

normalement en être ainsi, d'après ce que nous avons dit, d'une façon générale, de la pluralité de sens inclus en tout symbole. Avant de développer la représentation géométrique de l'être et de ses états multiples, telle qu'elle est renfermée synthétiquement dans le signe de la croix, et de pénétrer dans le détail de ce symbolisme, assez complexe quand on veut le pousser aussi loin qu'il est possible, nous parlerons quelque peu de ces autres sens, car, bien que les considérations auxquelles ils se rapportent ne fassent pas l'objet propre du présent exposé, tout cela est pourtant lié d'une certaine façon, et parfois même plus étroitement qu'on ne serait tenté de le croire, toujours en raison de cette loi de correspondance que nous avons signalée dès le début comme le fondement même de tout symbolisme.

Chapitre IV
DES DIRECTIONS DE L'ESPACE

Certains écrivains occidentaux, à prétentions plus ou moins initiatiques, ont voulu donner à la croix une signification exclusivement astronomique, disant qu'elle est « un symbole de la jonction cruciale que forme l'écliptique avec l'équateur », et aussi « une image des équinoxes, lorsque le soleil, dans sa course annuelle, couvre successivement ces deux points »[1]. À vrai dire, si elle est cela, c'est que, comme nous l'indiquions plus haut, les phénomènes astronomiques peuvent eux-mêmes, à un point de vue plus élevé, être considérés comme des symboles, et qu'on peut y retrouver à ce titre, aussi bien que partout ailleurs, cette figuration de l'« Homme Universel » à laquelle nous faisions allusion dans le précédent chapitre ; mais, si ces phénomènes sont des symboles, il est évident qu'ils ne sont pas la chose symbolisée, et que le fait de les prendre pour celle-ci constitue un renversement des rapports normaux entre les différents ordres de réalités[2]. Lorsque nous trouvons la

---
1 Ces citations sont empruntées, à titre d'exemple très caractéristique, à un auteur maçonnique bien connu, J.-M. Ragon *(Rituel du grade de Rose-Croix,* pp. 25-28).
2 Il est peut-être bon de rappeler encore ici, quoique nous l'ayons déjà fait en d'autres occasions, que c'est cette interprétation astronomique, toujours insuffisante en elle-même, et radicalement fausse quand elle prétend être exclusive, qui a donné naissance à la trop fameuse théorie du « mythe solaire », inventée vers la fin du XVIIIe siècle par Dupuis et Volney, puis reproduite plus tard par Max Millier, et

figure de la croix dans les phénomènes astronomiques ou autres, elle a exactement la même valeur symbolique que celle que nous pouvons tracer nous-mêmes [1] ; cela prouve seulement que le véritable symbolisme, loin d'être inventé artificiellement par l'homme, se trouve dans la nature même, ou, pour mieux dire, que la nature tout entière n'est qu'un symbole des réalités transcendantes.

Même en rétablissant ainsi l'interprétation correcte de ce dont il s'agit, les deux phrases que nous venons de citer contiennent l'une et l'autre une erreur : en effet, d'une part, l'écliptique et l'équateur ne forment pas la croix, car ces deux plans ne se coupent pas à angle droit ; d'autre part, les deux points équinoxiaux sont évidemment joints par une seule ligne droite, de sorte que, ici, la croix apparaît moins encore. Ce qu'il faut considérer en réalité, c'est, d'une part, le plan de l'équateur et l'axe qui, joignant les pôles, est perpendiculaire à ce plan ; ce sont, d'autre part, les deux lignes joignant respectivement les deux points solsticiaux et les deux points équinoxiaux ; nous avons ainsi ce qu'on peut appeler, dans le premier cas, la croix verticale, et, dans le second, la croix horizontale. L'ensemble de ces deux croix, qui ont le même centre, forme la croix à trois dimensions, dont les branches sont orientées suivant les six directions de l'espace [2] ; celles-ci correspondent aux six points cardinaux, qui, avec le centre lui-même, forment le septénaire.

Nous avons eu l'occasion de signaler ailleurs l'importance attribuée par les doctrines orientales à ces sept régions de l'espace, ainsi que leur correspondance avec certaines périodes cycliques [3] ; nous croyons utile de reproduire ici un texte que nous avons cité alors et qui montre que la même chose se trouve aussi dans les traditions occidentales ; « Clément d'Alexandrie dit que de Dieu, « Cœur de

---

encore de nos jours par les principaux représentants d'une soi-disant « science des religions » qui nous est tout à fait impossible de prendre au sérieux.

1 Remarquons, d'ailleurs, que le symbole garde toujours sa valeur propre, même lorsqu'il est tracé sans intention consciente, comme il arrive notamment quand certains symboles incompris sont conservés simplement à titre d'ornementation.

2 Il ne faut pas confondre « directions » et « dimensions » de l'espace : il y a six directions, mais seulement trois dimensions, dont chacune comporte deux directions diamétralement opposées. C'est ainsi que la croix dont nous parlons a six branches, mais est formée seulement de trois droites dont chacune est perpendiculaire aux deux autres ; chaque branche est, suivant le langage géométrique, une « demi-droite » dirigée dans un certain sens à partir du centre.

3 *Le Roi du Monde,* chap. VII.

l'Univers », partent les étendues indéfinies qui se dirigent, l'une en haut, l'autre en bas, celle-ci à droite, celle-là à gauche, l'une en avant et l'autre en arrière ; dirigeant son regard vers ces six étendues comme vers un nombre toujours égal, il achève le monde ; il est le commencement et la fin (*l'alpha* et *l'oméga*) ; en lui s'achèvent les six phases du temps, et c'est de lui qu'elles reçoivent leur extension indéfinie ; c'est là le secret du nombre 7 [1]. »

 Ce symbolisme est aussi celui de la *Qabbalah* hébraïque, qui parle du « Saint Palais » ou « Palais intérieur » comme situé au centre des six directions de l'espace. Les trois lettres du Nom divin *Jehovah* [2], par leur sextuple permutation suivant ces six directions, indiquent l'immanence de Dieu au sein du Monde, c'est-à-dire la manifestation du *Logos* au centre de toutes choses, dans le point primordial dont les étendues indéfinies ne sont que l'expansion ou le développement : « Il forma du *Thohu* (vide) quelque chose et fit de ce qui n'était pas ce qui est. Il tailla de grandes colonnes de l'éther insaisissable [3]. Il réfléchit, et la Parole (*Mentra*) produisit tout objet et toutes choses par son Nom Un [4]. » Ce point primordial d'où est proférée la Parole divine ne se développe pas seulement dans l'espace comme nous venons de le dire, mais aussi dans le temps ; il est le « Centre du Monde » sous tous les rapports, c'est-à-dire qu'il est à la fois au centre des espaces et au centre des temps. Ceci, bien entendu, si on le prend au sens littéral, ne concerne que notre monde, le seul dont les conditions d'existence soient directement exprimables en langage humain ; ce n'est que le monde sensible qui est soumis à l'espace et au temps ; mais, comme il s'agit en réalité du Centre de tous les mondes, on peut passer à l'ordre supra-sensible en effectuant une transposition analogique dans laquelle l'espace et le temps ne gardent plus qu'une signification purement symbolique.

---
1 P. Vulliaud, *La Kabbale juive,* t. Ier, pp. 215-216.
2 Ce Nom est formé de quatre lettres, *iod he vau he,* mais parmi lesquelles il n'en est que trois distinctes, le *he* étant répété deux fois.
3 Il s'agit des « colonnes » de l'arbre séphirothique : colonne du milieu, colonne de droite et colonne de gauche ; nous y reviendrons plus loin. Il est essentiel de noter, d'autre part, que l'« éther » dont il est question ici ne doit pas être entendu seulement comme le premier élément du monde corporel, mais aussi dans un sens supérieur obtenu par transposition analogique, comme il arrive également pour l'*Akâsha* de la doctrine hindoue (voir *L'Homme et son devenir selon le Vêdânta,* chap. III).
4 *Sepher Ietsirah,* IV, 5.

Nous avons vu qu'il est question, chez Clément d'Alexandrie, de six phases du temps, correspondant respectivement aux six directions de l'espace : ce sont, comme nous l'avons dit, six périodes cycliques, subdivisions d'une autre période plus générale, et parfois représentées comme six millénaires. Le *Zohar*, de même que le *Talmud,* partage en effet la durée du monde en périodes millénaires. « Le monde subsistera pendant six mille ans auxquels font allusion les six premiers mots de la *Genèse*. [1] » et ces six millénaires sont analogues aux six « jours » de la création [2]. Le septième millénaire, comme le septième « jour », est le *Sabbath* c'est-à-dire la phase de retour au Principe, qui correspond naturellement au centre, considéré comme septième région de l'espace. Il y a là une sorte de chronologie symbolique, qui ne doit évidemment pas être prise à la lettre, pas plus que celles que l'on rencontre dans d'autres traditions ; Josèphe [3] remarque que six mille ans forment dix « grandes années », la « grande année » étant de six siècles (c'est le *Naros* des Chaldéens) ; mais, ailleurs, ce qu'on désigne par cette même expression est une période beaucoup plus longue, dix ou douze mille ans chez les Grecs et les Perses. Cela, d'ailleurs, n'importe pas ici, où il ne s'agit nullement de calculer la durée réelle de notre monde, ce qui exigerait une étude approfondie de la théorie hindoue des *Manvantaras* ; comme ce n'est pas là ce que nous nous proposons présentement, il suffit de prendre ces divisions avec leur valeur symbolique. Nous dirons donc seulement qu'il peut s'agir de six phases indéfinies, donc de durée indéterminée, plus une septième qui correspond à l'achèvement de toutes choses et à leur rétablissement dans l'état premier [4].

Revenons à la doctrine cosmogonique de la *Qabbalah,* telle qu'elle est exposée dans le *Sepher Ietsirah :* « Il s'agit, dit M. Vulliaud, du développement à partir de la Pensée jusqu'à la modification du Son (la Voix), de l'impénétrable au compréhensible. On observera que nous sommes en présence d'un exposé symbolique du mystère qui

---

1 *Siphra di-Tseniutha* : *Zohar*, II, 176 b.
2 Rappelons ici la parole biblique : « Mille ans sont comme un jour au regard du Seigneur. »
3 *Antiquités judaïques*, I, 4.
4 Ce dernier millénaire est sans doute assimilable au « règne de mille ans » dont il est parlé dans l'*Apocalypse*.

a pour objet la genèse universelle et qui se relie au mystère de l'unité. En d'autres passages, c'est celui du « point » qui se développe par des lignes en tous sens [1], et qui ne devient compréhensible que par le « Palais intérieur ». C'est celui de l'insaisissable éther (*Avir*), où se produit la concentration, d'où émane la lumière (*Aor*) [2]. » Le point est effectivement le symbole de l'unité ; il est le principe de l'étendue, qui n'existe que par son rayonnement (le « vide » antérieur n'étant que pure virtualité), mais il ne devient compréhensible qu'en se situant lui-même dans cette étendue, dont il est alors le centre, ainsi que nous l'expliquerons plus complètement par la suite. L'émanation de la lumière, qui donne sa réalité à l'étendue, « faisant du vide quelque chose et de ce qui n'était pas ce qui est », est une expansion qui succède à la concentration ; ce sont là les deux phases d'aspiration et d'expiration dont il est si souvent question dans la doctrine hindoue, et dont la seconde correspond à la production du monde manifesté ; et il y a lieu de noter l'analogie qui existe aussi, à cet égard, avec le mouvement du cœur et la circulation du sang dans l'être vivant. Mais poursuivons : « La lumière *(Aor)* jaillit du mystère de l'éther *(Avir)*. Le point caché fut manifesté, c'est-à-dire la lettre *iod* [3]. » Cette lettre représente hiéroglyphiquement le Principe, et on dit que d'elle sont formées toutes les autres lettres de l'alphabet hébraïque, formation qui, suivant le *Sepher Ietsirah*, symbolise celle même du monde manifesté [4]. On dit aussi que le point primordial incompréhensible, qui est l'Un non-manifesté, en forme trois qui représentent le Commencement, le Milieu et la Fin [5], et que ces trois points réunis constituent la lettre *iod,* qui est ainsi l'Un manifesté (ou plus exactement affir-

---

[1] Ces lignes sont représentées comme les « cheveux de *Shiva* » dans la tradition hindoue.

[2] *La Kabbale juive,* t. Ier, p. 217.

[3] *Ibid.,* t. Ier, p. 217.

[4] La « formation » (*Ietsirah*) doit être entendue proprement comme la production de la manifestation dans l'état subtil ; la manifestation dans l'état grossier est appelé *Asiah,* tandis que, d'autre part, *Beriah* est la manifestation informelle. Nous avons déjà signalé ailleurs cette exacte correspondance des mondes envisagés par la *Qabbalah* avec le *Tribhuvana* de la doctrine hindoue (*L'Homme et son devenir selon le Vêdânta,* chap. v).

[5] Ces trois points peuvent, sous ce rapport, être assimilés aux trois éléments du monosyllabe *Aum* (*Om*) dans le symbolisme hindou, et aussi dans l'ancien symbolisme chrétien (voir *L'Homme et son devenir selon le Vêdânta,* chap. XVI, 3e éd. et *Le Roi du Monde,* chap. IV).

mé en tant que principe de la manifestation universelle), ou, pour parler le langage théologique, Dieu se faisant « Centre du Monde » par son Verbe. « Quand ce *iod* a été produit, dit le *Sepher Ietsirah,* ce qui resta de ce mystère ou de l'*Avir* (l'éther) caché fut *Aor* (la lumière) » ; et, en effet, si l'on enlève le *iod* du mot *Avir,* il reste *Aor.*

M. Vulliaud cite, sur ce sujet, le commentaire de Moïse de Léon : « Après avoir rappelé que le Saint, béni soit-Il, inconnaissable, ne peut être saisi que d'après ses attributs *(mid-doth)* par lesquels Il a créé les mondes [1], commençons par l'exégèse du premier mot de la *Thorah : Bereshit* [2]. D'anciens auteurs nous ont appris relativement à ce mystère qu'il est caché dans le degré suprême, l'éther pur et impalpable. Ce degré est la somme totale de tous les miroirs postérieurs (c'est-à-dire extérieurs par rapport à ce degré lui-même) [3]. Ils en procèdent par le mystère du point qui est lui-même un degré caché et émanant du mystère de l'éther pur et mystérieux [4]. Le premier degré, absolument occulte (c'est-à-dire non-manifesté), ne peut être saisi [5]. De même, le mystère du point suprême, quoiqu'il

---

[1] On trouve ici l'équivalent de la distinction que fait la doctrine hindoue entre *Brahma* « non-qualifié » *(nirguna)* et *Brahma* « qualifié » *(saguna),* c'est-à-dire entre le « Suprême » et le « Non-Suprême », ce dernier n'étant autre qu'*Ishwara* (voir *L'Homme et son devenir selon le Vêdânta,* chap. Ier et X). — *Middah* signifie littéralement « mesure » (cf. le sanscrit *mâtra*).

[2] On sait que c'est le mot par lequel commence la *Genèse :* « in Principio ».

[3] On voit que ce degré est la même chose que le « degré universel » de l'ésotérisme islamique, en lequel se totalisent synthétiquement tous les autres degrés, c'est-à-dire tous les états de l'Existence. La même doctrine fait aussi usage de la comparaison du miroir et d'autres similaires : c'est ainsi que, suivant une expression que nous avons déjà citée ailleurs (*L'Homme et son devenir selon le Vêdânta,* chap. X), l'Unité, considérée en tant qu'elle contient en elle-même tous les aspects de la Divinité *(Asrâr rabbâniyah* ou « mystères dominicaux »), c'est-à-dire tous les attributs divins, exprimés par les noms çifâtiyah (voir *Le Roi du Monde,* chap. III), « est de l'Absolu (le « Saint » insaisissable en dehors de Ses attributs) la surface réverbérante à innombrables facettes qui magnifie toute créature qui s'y mire directement » ; et il est à peine besoin de faire remarquer que c'est précisément de ces *Asrâr rabbâniyah* qu'il est question ici.

[4] Le degré représenté par le point, qui correspond à l'Unité, est celui de l'Être pur (*Ishwara* dans la doctrine hindoue).

[5] On pourra, à ce propos, se reporter à ce qu'enseigne la doctrine hindoue au sujet de ce qui est au-delà de l'Être, c'est-à-dire de l'état inconditionné d'*Atmâ* (voir *L'Homme et son devenir selon le Vêdânta,* chap. XV, 3e éd., où nous avons indiqué les enseignements concordants des autres traditions).

soit profondément caché [1], peut être saisi dans le mystère du Palais intérieur. Le mystère de la couronne suprême *(Kether,* la première des dix *Sephiroth)* correspond à celui du pur et insaisissable éther *(Avir).* Il est la cause de toutes les causes et l'origine de toutes les origines. C'est dans ce mystère, origine invisible de toutes choses, que le « point » caché dont tout procède prend naissance. C'est pourquoi il est dit dans le *Sepher Ietsirah* : « Avant l'Un, que peux-tu compter ? » C'est-à-dire : avant ce point, que peux-tu compter ou comprendre [2] ? Avant ce point, il n'y avait rien, excepté *Ain,* c'est-à-dire le mystère de l'éther pur et insaisissable, ainsi nommé (par une simple négation) à cause de son incompréhensibilité [3]. Le commencement compréhensible de l'existence se trouve dans le mystère du « point » suprême [4]. Et parce que ce point est le « commencement » de toutes choses, il est appelé « Pensée » *(Mahasheba)* [5]. Le mystère de la Pensée créatrice correspond au « point » caché. C'est dans le Palais intérieur que le mystère uni au « point » caché peut être compris, car le pur et insaisissable éther reste toujours mystérieux. Le « point » est l'éther rendu palpable (par la « concentration » qui est le point de départ de toute différenciation) dans le mystère du Palais intérieur ou Saint des Saints [6]. Tout, sans exception, a d'abord été conçu dans la Pensée [7]. Et si quelqu'un disait : « Voyez ! il y a du nouveau dans le monde », imposez-lui silence,

---

1 L'Être est encore non-manifesté, mais il est le principe de toute manifestation.
2 L'unité est, en effet, le premier de tous les nombres ; avant elle, il n'y a donc rien qui puisse être compté ; et la numération est prise ici comme symbole de la connaissance en mode distinctif.
3 C'est le Zéro métaphysique, ou le « Non-Être » de la tradition extrême-orientale, symbolisé par le « vide » (cf. *Tao-te-king*, XI) ; nous avons déjà expliqué ailleurs pourquoi les expressions de forme négative sont les seules qui puissent encore s'appliquer au-delà de l'Être *(L'Homme et son devenir selon le Vêdânta* chap. XV, 3ᵉ éd.).
4 C'est-à-dire dans l'Être, qui est le principe de l'Existence, laquelle est la même chose que la manifestation universelle, de même que l'unité est le principe et le commencement de tous les nombres.
5 Parce que toutes choses doivent être conçues par la pensée avant d'être réalisées extérieurement : ceci doit être entendu analogiquement par un transfert de l'ordre humain à l'ordre cosmique.
6 Le « Saint des Saints » était représenté par la partie la plus intérieure du Temple de Jérusalem, qui était le Tabernacle *(mishkan)* où se manifestait la *Shekinah,* c'est-à-dire la « présence divine ».
7 C'est le Verbe en tant qu'Intellect divin, qui est, suivant une expression employée par la théologie chrétienne, le « lieu des possibles ».

car cela fut antérieurement conçu dans la Pensée [1]. Du « point » caché émane le Saint Palais intérieur (par les lignes issues de ce point suivant les six directions de l'espace). C'est le Saint des Saints, la cinquantième année (allusion au *Jubilé*, qui représente le retour à l'état primordial) [2], qu'on appelle également la Voix qui émane de la Pensée [3]. Tous les êtres et toutes les causes émanent alors par la force du « point » d'en haut. Voilà ce qui est relatif aux mystères des trois *Sephiroth* suprêmes [4]. Nous avons voulu donner ce passage en entier, malgré sa longueur, parce que, outre son intérêt propre, il a, avec le sujet de la présente étude, un rapport beaucoup plus direct qu'on ne pourrait le supposer à première vue.

Le symbolisme des directions de l'espace est celui-là même que nous aurons à appliquer dans tout ce qui va suivre, soit au point de vue « macrocosmique » comme dans ce qui vient d'être dit, soit au point de vue « microcosmique ». La croix à trois dimensions constitue, suivant le langage géométrique, un « système de coordonnées » auquel l'espace tout entier peut être rapporté ; et l'espace symbolisera ici l'ensemble de toutes les possibilités, soit d'un être particulier, soit de l'Existence universelle. Ce système est formé de trois axes, l'un vertical et les deux autres horizontaux, qui sont trois diamètres rectangulaires d'une sphère indéfinie, et qui, même indépendamment de toute considération astronomique, peuvent être regardés comme orientés vers les six points cardinaux : dans le texte de Clément d'Alexandrie que nous avons cité, le haut et le bas correspondent respectivement au Zénith et au Nadir, la droite et la gauche au Sud et au Nord, l'avant et l'arrière à l'Est et à l'Ouest ; ceci pourrait être justifié par les indications concordantes qui se retrouvent dans presque toutes les traditions. On peut dire aussi que l'axe vertical est l'axe polaire, c'est-à-dire la ligne fixe qui joint les deux pôles et autour de laquelle toutes choses accomplissent leur rotation ; c'est donc l'axe principal, tandis que les deux axes

---

1 C'est la « permanente actualité » de toutes choses dans l'« éternel présent ».
2 Voir *Le Roi du Monde*, chap. III ; on remarquera que $50 = 7^2 + 1$. Le mot *kol*, « tout », en hébreu et en arabe, a pour valeur numérique 50. Cf. aussi les « cinquante portes de l'Intelligence ».
3 C'est encore le Verbe, mais en tant que Parole divine ; il est d'abord Pensée à l'intérieur (c'est-à-dire en Soi-même), puis Parole à l'extérieur (c'est-à-dire par rapport à l'Existence universelle), la Parole étant la manifestation de la Pensée ; et la première parole proférée est le *Iehi Aor (Fiat Lux)* de la Genèse.
4 Cité dans *La Kabbale juive,* t. Ier, pp. 405-406.

horizontaux ne sont que secondaires et relatifs. De ces deux axes horizontaux, l'un, l'axe Nord-Sud, peut être appelé aussi l'axe solsticial, et l'autre, l'axe Est-Ouest, peut être appelé l'axe équinoxial, ce qui nous ramène au point de vue astronomique, en vertu d'une certaine correspondance des points cardinaux avec les phases du cycle annuel, correspondance dont l'exposé complet nous entraînerait loin et n'importe d'ailleurs pas ici, mais trouvera sans doute mieux sa place dans une autre étude [1].

Chapitre V
THÉORIE HINDOUE DES TROIS GUNAS

Avant d'aller plus loin, nous devons, à propos de ce qui vient d'être dit, rappeler les indications que nous avons déjà données ailleurs sur la théorie hindoue des trois *gunas* [2] ; notre intention n'est pas de traiter complètement cette théorie avec toutes ses applications, mais seulement d'en présenter un aperçu en ce qui se rapporte à notre sujet. Ces trois *gunas* sont des qualités ou attributions essentielles, constitutives et primordiales des êtres envisagés dans leurs différents états de manifestation [3] ; ce ne sont pas des états, mais des conditions générales auxquelles les êtres sont soumis, par lesquelles ils sont liés en quelque sorte [4], et dont ils participent

---

1 On peut noter encore, à titre de concordance, l'allusion que fait saint Paul au symbolisme des directions ou des dimensions de l'espace, lorsqu'il parle de « la largeur, la longueur, la hauteur et la profondeur de l'amour de Jésus-Christ » *(Épître aux Éphésiens,* III, 18). Ici, il n'y a que quatre termes énoncés distinctement au lieu de six : les deux premiers correspondent respectivement aux deux axes horizontaux, chacun de ceux-ci étant pris dans sa totalité ; les deux derniers correspondent aux deux moitiés supérieure et inférieure de l'axe vertical. La raison de cette distinction, en ce qui concerne les deux moitiés de cet axe vertical, est qu'elles se rapportent à deux *gunas* différents, et même opposés en un certain sens ; par contre, les deux axes horizontaux tout entiers se rapportent à un seul et même *guna,* ainsi qu'on va le voir au chapitre suivant.
2 Voir *Introduction générale à l'étude des doctrines hindoues,* p. 244 et *L'Homme et son devenir selon le Vêdânta,* chap. IV.
3 Les trois *gunas* sont en effet inhérents à *Prakriti* même, qui est la « racine » *(mûla)* de la manifestation universelle ; ils sont d'ailleurs en parfait équilibre dans son indifférenciation primordiale, et toute manifestation représente une rupture de cet équilibre.
4 Dans son acception ordinaire et littérale, le mot *guna* signifie « corde » ; de même, les termes *bandha* et *pâsha,* qui signifient proprement « lien », s'appliquent à toutes

suivant des proportions indéfiniment variées, en vertu desquelles ils sont répartis hiérarchiquement dans l'ensemble des « trois mondes » *(Tribhuvana),* c'est-à-dire de tous les degrés de l'Existence universelle.

Les trois *gunas* sont : *sattwa,* la conformité à l'essence pure de l'Être *(Sat),* qui est identique à la lumière de la Connaissance *(Jnâna),* symbolisé par la luminosité des sphères célestes qui représentent les états supérieurs de l'être ; *rajas,* l'impulsion qui provoque l'expansion de l'être dans un état déterminé, c'est-à-dire le développement de celles de ses possibilités qui se situent à un certain niveau de l'Existence ; enfin, *tamas,* l'obscurité, assimilée à l'ignorance *(avidyâ),* racine ténébreuse de l'être considéré dans ses états inférieurs. Ceci est vrai pour tous les états manifestés de l'être, quels qu'ils soient, mais on peut aussi, naturellement, considérer plus particulièrement ces qualités ou ces tendances par rapport à l'état humain : *sattwa,* tendance ascendante, se réfère toujours aux états supérieurs, relativement à l'état particulier pris pour base ou pour point de départ de cette répartition hiérarchique et *tamas,* tendance descendante, aux états inférieurs par rapport à ce même état ; quant à *rajas,* il se réfère à ce dernier, considéré comme occupant une situation intermédiaire entre les états supérieurs et les états inférieurs, donc comme défini par une tendance qui n'est ni ascendante ni descendante, mais horizontale ; et, dans le cas présent, cet état est le « monde de l'homme » *(mânava-loka),* c'est-à-dire le domaine ou le degré occupé dans l'Existence universelle par l'état individuel humain. On peut voir maintenant sans peine le rapport de tout ceci avec le symbolisme de la croix, que ce symbolisme soit d'ailleurs envisagé au point de vue purement métaphysique ou au point de vue cosmologique, et que l'application en soit faite dans l'ordre « macrocosmique » ou dans l'ordre « microcosmique ». Dans tous les cas, nous pouvons dire que *rajas* cor-

---

les conditions particulières et limitatives d'existence *(upâdhis)* qui définissent plus spécialement tel ou tel état ou mode de la manifestation. Il faut dire cependant que la dénomination de *guna* s'applique plus particulièrement à la corde d'un arc ; elle exprimerait donc, sous un certain rapport tout au moins, l'idée de « tension » à des degrés divers, d'où, par analogie, celle de « qualification » ; mais peut-être est-ce moins l'idée de « tension » qu'il faut voir ici que celle de « tendance », qui lui est d'ailleurs apparentée comme les mots mêmes l'indiquent, et qui est celle qui répond le plus exactement à la définition des trois *gunas.*

respond à toute ligne horizontale, ou mieux, si nous considérons la croix à trois dimensions, à l'ensemble des deux lignes qui définissent le plan horizontal ; *tamas* correspond à la partie inférieure de la ligne verticale, c'est-à-dire à celle qui est située au-dessous de ce plan horizontal, et *sattwa* à la partie supérieure de cette même ligne verticale, c'est-à-dire à celle qui est située au-dessus du plan en question, lequel divise ainsi en deux hémisphères, supérieur et inférieur, la sphère indéfinie dont nous avons parlé plus haut.

Dans un texte du *Vêda*, les trois *gunas* sont présentés comme se convertissant l'un dans l'autre, en procédant selon un ordre ascendant : « Tout était *tamas* (à l'origine de la manifestation considérée comme sortant de l'indifférenciation primordiale de *Prakriti*). Il (c'est-à-dire le Suprême *Brahma*) commanda un changement, et *tamas* prit la teinte (c'est-à-dire la nature) [1] de *rajas* (intermédiaire entre l'obscurité et la luminosité) ; et *rajas*, ayant reçu de nouveau un commandement, revêtit la nature de *sattwa*. » Si nous considérons la croix à trois dimensions comme tracée à partir du centre d'une sphère, ainsi que nous venons de le faire et que nous aurons souvent à le faire encore par la suite, la conversion de *tamas* en *rajas* peut être représentée comme décrivant la moitié inférieure de cette sphère, d'un pôle à l'équateur, et celle de *rajas* en *sattwa* comme décrivant la moitié supérieure de la même sphère, de l'équateur à l'autre pôle. Le plan de l'équateur, supposé horizontal, représente alors, comme nous l'avons dit, le domaine d'expansion de *rajas*, tandis que *tamas* et *sattwa* tendent respectivement vers les deux pôles, extrémités de l'axe vertical [2]. Enfin, le point d'où est ordonnée la conversion de *tamas* en *rajas*, puis celle de *rajas* en *sattwa*, est le centre même de la sphère, ainsi qu'on peut s'en

---

1 Le mot *varna*, qui signifie proprement « couleur », et par généralisation « qualité », est employé ; analogiquement pour désigner la nature ou l'essence d'un principe ou d'un être ; de là dérive aussi son usage dans le sens de « caste », parce que l'institution des castes, envisagée dans sa raison profonde, traduit essentiellement la diversité des natures propres aux différents individus humains (voir *Introduction générale à l'étude des doctrines hindoues*, 3ᵉ partie, chap. vi). D'ailleurs, en ce qui concerne les trois *gunas*, ils sont effectivement représentés par des couleurs symboliques : *tamas* par le noir, *rajas* par le rouge, et *sattwa* par le blanc (*Chândogya Upanishad*, 6ᵉ Prapâthaka, 3ᵉ Khanda shruti I ; cf. *Autorité spirituelle et pouvoir temporel* 2ᵉ éd., p. 53).

2 Ce symbolisme nous semble éclairer et justifier suffisamment l'image de la « corde d'arc » qui se trouve, comme nous l'avons dit, impliquée dans la signification du terme *guna*.

rendre compte immédiatement en se reportant aux considérations exposées dans le chapitre précédent [1] ; nous aurons d'ailleurs, dans ce qui suivra, l'occasion de l'expliquer plus complètement encore [2].

Ceci est également applicable, soit à l'ensemble des degrés de l'Existence universelle, soit à celui des états d'un être quelconque ; il y a toujours une parfaite correspondance entre ces deux cas, chaque état d'un être se développant, avec toute l'extension dont il est susceptible (et qui est indéfinie), dans un degré déterminé de l'Existence. En outre, on peut en faire certaines applications plus particulières, notamment, dans l'ordre cosmologique, à la sphère des éléments ; mais, comme la théorie des éléments ne rentre pas dans notre présent sujet, il est préférable de réserver tout ce qui la concerne pour une autre étude, dans laquelle nous nous proposons de traiter des conditions de l'existence corporelle.

Chapitre VI
L'UNION DES COMPLÉMENTAIRES

Nous devons maintenant envisager, au moins sommairement, un autre aspect du symbolisme de la croix, qui est peut-être le plus généralement connu, quoiqu'il ne semble pas, au premier abord tout au moins présenter une relation très directe avec tout ce que nous avons vu jusqu'ici : nous voulons parler de la croix considérée comme symbole de l'union des complémentaires. Nous pouvons, à cet égard, nous contenter d'envisager la croix, comme on le fait le plus souvent, sous sa forme à deux dimensions ; il suffit d'ailleurs, pour revenir de là à la forme à trois dimensions, de remarquer que la droite horizontale unique peut être prise comme la projection du plan horizontal tout entier sur le plan supposé vertical dans lequel la figure est tracée. Cela posé, on regarde la ligne verticale comme représentant le principe actif, et la ligne horizontale le principe passif ; ces deux principes sont aussi désignés respective-

---

[1] C'est à ce rôle du Principe, dans le monde et dans chaque être, que se réfère l'expression d'« ordonnateur interne » *(antaryâmî)* : il dirige toutes choses de l'intérieur, résidant lui-même au point le plus intérieur de tous, qui est le centre (voir *L'Homme et son devenir selon le Vêdânta*, chap. XIV, 3ᵉ éd.).

[2] Sur ce même texte considéré comme donnant un schéma de l'organisation des « trois mondes », en correspondance avec les trois *gunas*, voir *L'Esotérisme de Dante*, chap. VI.

ment, par analogie avec l'ordre humain, comme masculin et féminin ; si on les prend dans leur sens le plus étendu, c'est-à-dire par rapport à tout l'ensemble de la manifestation universelle, ce sont ceux auxquels la doctrine hindoue donne les noms de *Purusha* et de *Prakriti* [1]. Il ne s'agit pas de reprendre ou de développer ici les considérations auxquelles peuvent donner lieu les rapports de ces deux principes, mais seulement de montrer que, en dépit des apparences, il existe un certain lien entre cette signification de la croix et celle que nous avons appelée sa signification métaphysique.

Nous dirons tout de suite, quitte à y revenir plus tard d'une façon plus explicite, que ce lien résulte de la relation qui existe, dans le symbolisme métaphysique de la croix, entre l'axe vertical et le plan horizontal. Il doit être bien entendu que des termes comme ceux d'actif et de passif, ou leurs équivalents, n'ont de sens que l'un par rapport à l'autre, car le complémentarisme est essentiellement une corrélation entre deux termes. Cela étant, il est évident qu'un complémentarisme comme celui de l'actif et du passif peut être envisagé à des degrés divers, si bien qu'un même terme pourra jouer un rôle actif ou passif suivant ce par rapport à quoi il jouera ce rôle ; mais, dans tous les cas, on pourra toujours dire que, dans une telle relation, le terme actif est, dans son ordre, l'analogue de *Purusha*, et le terme passif l'analogue de *Prakriti*. Or nous verrons par la suite que l'axe vertical, qui relie tous les états de l'être en les traversant en leurs centres respectifs, est le lieu de manifestation de ce que la tradition extrême-orientale appelle l'« Activité du Ciel », qui est précisément l'activité « non-agissante » de *Purusha*, par laquelle sont déterminées en *Prakriti* les productions qui correspondent à toutes les possibilités de manifestation. Quant au plan horizontal, nous verrons qu'il constitue un « plan de réflexion », représenté symboliquement comme la « surface des eaux », et l'on sait que les « Eaux » sont, dans toutes les traditions, un symbole de *Prakriti* ou de la « passivité universelle » [2] ; à vrai dire, comme ce plan représente un certain degré de l'Existence (et l'on pourrait envisager de même l'un quelconque des plans horizontaux correspondant à la multitude indéfinie des états de manifestation), il ne s'identifie pas à *Prakriti* elle-même, mais seulement à quelque chose de

---
1 Voir *L'Homme et son devenir selon le Vêdânta,* chap. IV.
2 Voir *ibid.,* chap. V.

déjà déterminé par un certain ensemble de conditions spéciales d'existence (celles qui définissent un monde), et qui joue le rôle de *Prakriti,* en un sens relatif, à un certain niveau dans l'ensemble de la manifestation universelle.

Nous devons aussi préciser un autre point, qui se rapporte directement à la considération de l'« Homme Universel » : nous avons parlé plus haut de celui-ci comme constitué par l'ensemble « Adam-Ève », et nous avons dit ailleurs que le couple *Purusha-Prakriti,* soit par rapport à toute la manifestation, soit plus particulièrement par rapport à un état d'être déterminé, peut être regardé comme équivalent à l'« Homme Universel » [1]. À ce point de vue, l'union des complémentaires devra donc être considérée comme constituant l'« Androgyne » primordial dont parlent toutes les traditions ; sans nous étendre davantage sur cette question, nous pouvons dire que ce qu'il faut entendre par là, c'est que, dans la totalisation de l'être, les complémentaires doivent effectivement se trouver en équilibre parfait, sans aucune prédominance de l'un sur l'autre. Il est à remarquer, d'autre part, qu'à cet « Androgyne » est en général attribuée symboliquement la forme sphérique [2], qui est la moins différenciée de toutes, puisqu'elle s'étend également dans toutes les directions, et que les Pythagoriciens regardaient comme la forme la plus parfaite et comme la figure de la totalité universelle [3]. Pour donner ainsi l'idée de la totalité, la sphère doit d'ailleurs, ainsi que nous l'avons déjà dit, être indéfinie, comme le sont les axes qui forment la croix, et qui sont trois diamètres rectangulaires de cette sphère ; en d'autres termes, la sphère, étant constituée par le

---

1 *Ibid.,* chap. IV.
2 On connaît à cet égard le discours que Platon, dans le *Banquet,* met dans la bouche d'Aristophane, et dont la plupart des commentateurs modernes ont le tort de méconnaître la valeur symbolique, pourtant évidente. On trouve quelque chose de tout à fait similaire dans un certain aspect du symbolisme du *yin-yang* extrême-oriental, dont il sera question plus loin.
3 Parmi toutes les lignes d'égale longueur, la circonférence est celle qui enveloppe la surface maxima ; de même, parmi les corps d'égale surface, la sphère est celui qui contient le volume maximum ; c'est là, au point de vue purement mathématique, la raison pour laquelle ces figures étaient regardées comme les plus parfaites. Leibnitz s'est inspiré de cette idée dans sa conception du « meilleur des mondes », qu'il définit comme étant, parmi la multitude indéfinie de tous les mondes possi-bles, celui qui renferme le plus d'être ou de réalité positive ; mais l'application qu'il en fait ainsi est, comme nous l'avons déjà indiqué, dépourvue de toute portée métaphysique véritable.

rayonnement même de son centre, ne se ferme jamais, ce rayonnement étant indéfini et remplissant l'espace tout entier par une série d'ondes concentriques, dont chacune reproduit les deux phases de concentration et d'expansion de la vibration initiale [1]. Ces deux phases sont d'ailleurs elles-mêmes une des expressions du complémentarisme [2] ; si, sortant des conditions spéciales qui sont inhérentes à la manifestation (en mode successif), on les envisage en simultanéité, elles s'équilibrent l'une l'autre, de sorte que leur réunion équivaut en réalité à l'immutabilité principielle, de même que la somme des déséquilibres partiels par lesquels est réalisée toute manifestation constitue toujours et invariablement l'équilibre total.

Enfin, une remarque qui a aussi son importance est celle-ci : nous avons dit tout à l'heure que les termes d'actif et de passif, exprimant seulement une relation, pouvaient être appliqués à différents degrés ; il résulte de là que, si nous considérons la croix à trois dimensions, dans laquelle l'axe vertical et le plan horizontal sont dans cette relation d'actif et de passif, on pourra encore envisager en outre la même relation entre les deux axes horizontaux, ou entre ce qu'ils représenteront respectivement. Dans ce cas, pour conserver la correspondance symbolique établie tout d'abord, on pourra, bien que ces axes soient tous les deux horizontaux en réalité, dire que l'un d'eux, celui qui joue le rôle actif, est relativement vertical par rapport à l'autre. C'est ainsi que, par exemple, si nous regardons ces deux axes comme étant respectivement l'axe solsticial et l'axe équinoxial, ainsi que nous l'avons dit plus haut, conformément au symbolisme du cycle annuel, nous pourrons dire que l'axe solsticial est relativement vertical par rapport à l'axe équinoxial, de telle sorte que, dans le plan horizontal, il joue analogiquement

---

1 Cette forme sphérique lumineuse, indéfinie et non fermée, avec ses alternatives de concentration et d'expansion (successives au point de vue de la manifestation, mais en réalité simultanées dans l'« éternel présent »), est, dans l'ésotérisme islamique, la forme de la *Rûh muhammadiyah* ; c'est cette forme totale de l'« Homme-Universel » que Dieu ordonna aux anges d'adorer, ainsi qu'il a été dit plus haut ; et la perception de cette même forme est impliquée dans un des degrés de l'initiation islamique.

2 Nous avons indiqué plus haut que ceci, dans la tradition hindoue, est exprimé par le symbolisme du mot *Hamsa*. On trouve aussi, dans certains textes tantriques, le mot *aha* symbolisant l'union de *Shiva et Shakti*, représentés respectivement par la première et la dernière lettres de l'alphabet sanscrit (de même que, dans la particule hébraïque *eth*, l'*aleph* et le *thau* représentent l'« essence » et la « substance » d'un être).

le rôle d'axe polaire (axe Nord-Sud, l'axe équinoxial jouant alors le rôle d'axe équatorial (axe Est-Ouest) ¹. La croix horizontale reproduit ainsi, dans son plan, des rapports analogues à ceux qui sont exprimés par la croix verticale ; et, pour revenir ici au symbolisme métaphysique qui est celui qui nous importe essentiellement, nous pouvons dire encore que l'intégration de l'état humain, représentée par la croix horizontale, est dans l'ordre d'existence auquel elle se réfère, comme une image de la totalisation même de l'être, représentée par la croix verticale ².

1 Cette remarque trouve notamment son application dans le symbolisme du *swastika*, dont il sera question plus loin.

2 Au sujet du complémentarisme, nous signalerons encore que, dans le symbolisme de l'alphabet arabe, les deux premières lettres, *alif* et *be,* sont considérées respectivement comme active ou masculine et comme passive ou féminine ; la forme de la première étant verticale, et celle de la seconde étant horizontale, leur réunion forme la croix. D'autre part, les valeurs numériques de ces lettres étant respectivement 1 et 2, ceci s'accorde avec le symbolisme arithmétique pythagoricien, selon lequel la « monade » est masculine et la « dyade » féminine ; la même concordance se retrouve d'ailleurs dans d'autres traditions, par exemple dans la tradition extrême-orientale, où, dans les figures des *koua* ou « tri-grammes » de Fo-hi, le *yang*, principe masculin, est représenté par un trait plein, et le *yin*, principe féminin, par un trait brisé (ou mieux interrompu en son milieu) ; ces symboles, appelés les « deux déterminations », évoquent respectivement l'idée de l'unité et celle de la dualité ; il va de soi que ceci, comme dans le Pythagorisme lui-même, doit être entendu en un tout autre sens que celui du simple système de « numération » que Leibnitz s'était imaginé y trouver (voir *Orient et Occident,* 2ᵉ éd. pp. 64-70). D'une façon générale, suivant le *Yi-king*, les nombres impairs correspondent au *yang* et les nombres pairs au *yin ;* il semble que l'idée pythagoricienne du pair et de l'impair se retrouve aussi dans ce que Platon appelle le « même » et l'« autre », correspondant respectivement à l'unité et à la dualité, envisagées d'ailleurs exclusivement dans le monde manifesté. — Dans la numération chinoise, la croix représente le nombre 10 (le chiffre romain X n'est d'ailleurs, lui aussi, que la croix autrement disposée) ; on peut voir là une allusion au rapport du dénaire avec le quaternaire : 1 + 2 + 3 + 4 = 10, rapport qui était figuré aussi par la *Tétraktys* pythagoricienne. En effet, dans la correspondance des figures géométriques avec les nombres, la croix représente naturellement le quaternaire ; plus précisément, elle le représente sous un aspect dynamique, tandis que le carré le représente sous un aspect statique ; la relation entre ces deux aspects est exprimée par le problème hermétique de la « quadrature du cercle », ou, suivant le symbolisme géométrique à trois dimensions, par un rapport entre la sphère et le cube auquel nous avons eu l'occasion de faire allusion à propos des figures du « Paradis terrestre » et de la « Jérusalem céleste » (*Le Roi du Monde*, chap. XI). Enfin, nous noterons encore, à ce sujet, que, dans le nombre 10, les deux chiffres 1 et 0 correspondent aussi respectivement à l'actif et au passif, représentés par le centre et la circonférence suivant un autre symbolisme, qu'on peut d'ailleurs rattacher à celui de la croix en remarquant que le centre est la trace de l'axe vertical dans le plan horizontal, dans

Chapitre VII
LA RÉSOLUTION DES OPPOSITIONS

Dans le chapitre précédent, nous avons parlé de complémentaires, non de contraires ; il importe de ne pas confondre ces deux notions comme on le fait quelquefois à tort, et de ne pas prendre le complémentarisme pour une opposition. Ce qui peut donner lieu à certaines confusions à cet égard, c'est qu'il arrive parfois que les mêmes choses apparaissent comme contraires ou comme complémentaires suivant le point de vue sous lequel on les envisage ; dans ce cas, on peut toujours dire que l'opposition correspond au point de vue le plus inférieur ou le plus superficiel, tandis que le complémentarisme, dans lequel cette opposition se trouve en quelque sorte conciliée et déjà résolue, correspond par là même à un point de vue plus élevé ou plus profond, ainsi que nous l'avons expliqué ailleurs [1]. L'unité principielle exige en effet qu'il n'y ait pas d'oppositions irréductibles [2] ; donc, s'il est vrai que l'opposition entre deux termes existe bien dans les apparences et possède une réalité relative à un certain niveau d'existence, cette opposition doit disparaître comme telle et se résoudre harmoniquement, par synthèse ou intégration, en passant à un niveau supérieur. Prétendre qu'il n'en est pas ainsi, ce serait vouloir introduire le déséquilibre jusque dans l'ordre principiel lui-même, alors que, comme nous le disions plus haut, tous les déséquilibres qui constituent les éléments de la manifestation, envisagés « distinctivement » concourent nécessairement à l'équilibre total, que rien ne peut affecter ni détruire. Le complémentarisme même, qui est encore dualité, doit, à un certain degré, s'effacer devant l'unité, ses deux termes s'équilibrant et se neutralisant en quelque sorte en s'unissant jusqu'à fusionner indissolublement dans l'indifférenciation primordiale.

---

lequel doit alors être supposée située la circonférence, qui représentera l'expansion dans ce même plan par une des ondes concentriques suivant lesquelles elle s'effectue ; le cercle avec le point central, figure du dénaire, est en même temps le symbole de la perfection cyclique, c'est-à-dire de la réalisation intégrale des possibilités impliquées dans un état d'existence.

1 *La Crise du Monde moderne*, pp. 43-44. 2ᵉ éd.

2 Par conséquent, tout « dualisme », qu'il soit d'ordre théologique comme celui qu'on attribue aux Manichéens, ou d'ordre philosophique comme celui de Descartes, est une conception radicalement fausse.

La figure de la croix peut aider à comprendre la différence qui existe entre le complémentarisme et l'opposition : nous avons vu que la verticale et l'horizontale pouvaient être prises comme représentant deux termes complémentaires ; mais, évidemment, on ne peut dire qu'il y ait opposition entre le sens vertical et le sens horizontal. Ce qui représente nettement l'opposition, dans la même figure, ce sont les directions contraires, à partir du centre, des deux demi-droites qui sont les deux moitiés d'un même axe, quel que soit cet axe ; l'opposition peut donc être envisagée également, soit dans le sens vertical, soit dans le sens horizontal. On aura ainsi, dans la croix verticale à deux dimensions, deux couples de termes opposés formant un quaternaire ; il en sera de même dans la croix horizontale, dont un des axes peut d'ailleurs être considéré comme relativement vertical, c'est-à-dire comme jouant le rôle d'un axe vertical pat rapport à l'autre, ainsi que nous l'avons expliqué à la fin du chapitre précédent. Si l'on réunit les deux figures dans celle de la croix à trois dimensions, on a trois couples de termes opposés, comme nous l'avons vu précédemment à propos des directions de l'espace et des points cardinaux. Il est à remarquer qu'une des oppositions quaternaires les plus généralement connues, celle des éléments et des qualités sensibles qui leur correspondent, doit être disposée suivant la croix horizontale ; dans ce cas, en effet, il s'agit exclusivement de la constitution du monde corporel, qui se situe tout entier à un même degré de l'Existence et n'en représente même qu'une portion très restreinte. Il en est de même quand on envisage seulement quatre points cardinaux, qui sont alors ceux du monde terrestre, représenté symboliquement par le plan horizontal, tandis que le Zénith et le Nadir, opposés suivant l'axe vertical, correspondent à l'orientation vers les mondes respectivement supérieurs et inférieurs par rapport à ce même monde terrestre. Nous avons vu qu'il en est de même encore pour la double opposition des solstices et des équinoxes, et cela aussi se comprend aisément, car l'axe vertical, demeurant fixe et immobile alors que toutes choses accomplissent leur rotation autour de lui, est évidemment indépendant des vicissitudes cycliques, qu'il régit ainsi en quelque sorte par son immobilité même, image sensible de l'immutabilité principielle [1]. Si l'on ne considère que la croix horizontale, l'axe vertical y

---

[1] C'est le « moteur immobile » d'Aristote, auquel nous avons eu déjà par ailleurs l'occasion de faire d'assez fréquentes allusions.

est représenté par le point central lui-même, qui est celui où il rencontre le plan horizontal ; ainsi, tout plan horizontal, symbolisant un état ou un degré quelconque de l'Existence, a en ce point qui peut être appelé son centre (puisqu'il est l'origine du système de coordonnées auquel tout point du plan pourra être rapporté) cette même image de l'immutabilité. Si l'on applique ceci, par exemple, à la théorie des éléments du monde corporel, le centre correspondra au cinquième élément, c'est-à-dire à l'éther [1], qui est en réalité le premier de tous selon l'ordre de production, celui dont tous les autres procèdent par différenciations successives, et qui réunit en lui toutes les qualités opposées, caractéristiques des autres éléments, dans un état d'indifférenciation et d'équilibre parfait, correspondant dans son ordre à la non-manifestation principielle [2].

Le centre de la croix est donc le point où se concilient et se résolvent toutes les oppositions ; en ce point s'établit la synthèse de tous les termes contraires, qui, à la vérité, ne sont contraires que suivant les points de vue extérieurs et particuliers de la connaissance en mode distinctif. Ce point central correspond à ce que l'ésotérisme islamique désigne comme la « station divine », qui est « celle qui réunit les contrastes et les antinomies » *(El-maqâmulilahî, huwa maqâm ijtimâ ed-diddaîn)* [3] ; c'est ce que la tradition extrême-orientale, de son côté, appelle l'« Invariable Milieu » *(Tchoung-yong)*, qui est le lieu de l'équilibre parfait, représenté comme le centre de la « roue cosmique » [4] et qui est aussi, en même temps, le point où

---

1 C'est la « quintessence » (*quinta essentiel*) des alchimistes, parfois représentée, au centre de la croix des éléments, par une figure telle que l'étoile à cinq branches ou la fleur à cinq pétales. Il est dit aussi que l'éther a une « quintuple nature » ; ceci doit s'entendre de l'éther envisagé en lui-même et comme principe des quatre autres éléments.
2 C'est la raison pour laquelle la désignation de l'éther est susceptible de donner lieu aux transpositions analogiques que nous avons signalées plus haut ; elle est alors prise symboliquement comme une désignation de l'état principal lui-même.
3 On atteint cette « station », ou ce degré de réalisation effective de l'être, par *El-fanâ*, c'est-à-dire par l'« extinction » du « moi » dans le retour à l'« état primordial » ; cette « extinction » n'est pas sans analogie, même quant au sens littéral du terme qui la désigne, avec le *Nirvana* de la doctrine hindoue. Au delà d'*El-fanâ*, il y a encore *Fana el-fanâi*, l'« extinction de l'extinction », qui correspond de même au *Parinirvâna* (voir *L'Homme et son devenir selon le Vêdânta*, chap. XIII, 3ᵉ éd.). En un certain sens, le passage de l'un de ces degrés à l'autre se rapporte à l'identification du centre d'un état de l'être avec celui de l'être total, suivant ce qui sera expliqué plus loin.
4 Voir *Le Roi du Monde,* chap. Iᵉʳ et IV, et *L'Esotérisme de Dante,* 3ᵉ éd., p. 62.

se reflète directement l'« Activité du Ciel »[1]. Ce centre dirige toutes choses par son « activité non-agissante » (*wei wou-wei*), qui, bien que non-manifestée, ou plutôt parce que non-manifestée, est en réalité la plénitude de l'activité, puisque c'est celle du Principe dont sont dérivées toutes les activités particulières ; c'est ce que Lao-tseu exprime en ces termes : « Le Principe est toujours non-agissant, et cependant tout est fait par lui[2]. »

Le sage parfait, selon la doctrine taoïste, est celui qui est parvenu au point central et qui y demeure en union indissoluble avec le Principe, participant de son immutabilité et imitant son « activité non-agissante » : « Celui qui est arrivé au maximum du vide, dit encore Lao-tseu, celui-là sera fixé solidement dans le repos... Retourner à sa racine (c'est-à-dire au Principe, à la fois origine première et fin dernière de tous les êtres)[3], c'est entrer dans l'état de repos[4]. » Le « vide » dont il s'agit ici, c'est le détachement complet à l'égard de toutes les choses manifestées, transitoires et contingentes[5], détachement par lequel l'être échappe aux vicissitudes du « courant des formes », à l'alternance des états de « vie » et de « mort », de « condensation » et de « dissipation »[6], passant de la circonférence de la « roue cosmique » à son centre, qui est désigné lui-même comme « le vide (le non-manifesté) qui unit les rayons et en fait une roue »[7]. « La paix dans le vide, dit Lie-tseu, est un état indéfi-

---

1 Le Confucianisme développe l'application de l'« Invariable Milieu » à l'ordre social, tandis que la signification purement métaphysique en est donnée par le Taoïsme.
2 *Tao-te-king*, XXXVII.
3 Le mot *Tao,* littéralement « Voie », qui désigne le Principe, est représenté par un caractère idéographique qui réunit les signes de la tête et des pieds, ce qui équivaut au symbole de l'*alpha* et de l'*ôméga* dans les traditions occidentales.
4 *Tao-te-king*, XVI.
5 Ce détachement est identique à *El-fenâ* ; on pourra se reporter aussi à ce qu'enseigne la *Bhagavad-Gîtâ* sur l'indifférence à l'égard des fruits de l'action, indifférence par laquelle l'être échappe à l'enchaînement indéfini des conséquences de cette action : c'est l'« action sans désir » (*nishkâma karma*), tandis que l'« action avec désir » *(sakâma karma)* est l'action accomplie en vue de ses fruits.
6 Aristote, dans un sens semblable, dit « génération » et « corruption ».
7 *Tao-te-king*, XI. — La forme la plus simple de la roue est le cercle divisé en quatre parties égales par la croix ; outre cette roue à quatre rayons, les formes les plus répandues dans le symbolisme de tous les peuples sont les roues à six et huit rayons ; naturellement, chacun de ces nombres ajoute à la signification générale de la roue une nuance particulière. La figure octogonale des huit *koua* ou « trigammes » de Fo-hi, qui est un des symboles fondamentaux de la tradition extrême-orientale, équivaut à certains égards à la roue à huit rayons, ainsi que le lotus à huit pétales. Dans les an-

nissable ; on ne la prend ni ne la donne ; on arrive à s'y établir [1]. » Cette « paix dans le vide », c'est la « Grande Paix » de l'ésotérisme islamique [2], appelée en arabe *Es-Sakînah*, désignation qui l'identifie à la *Shekinah* hébraïque, c'est-à-dire à la « présence divine » au centre de l'être, représenté symboliquement comme le cœur dans toutes les traditions [3] ; et cette « présence divine » est en effet impliquée par l'union avec le Principe, qui ne peut effectivement s'opérer qu'au centre même de l'être. « À celui qui demeure dans le non-manifesté, tous les êtres se manifestent... Uni au Principe, il est en harmonie, par lui, avec tous les êtres. Uni au Principe, il connaît tout par les raisons générales supérieures, et n'use plus, par suite, de ses divers sens, pour connaître en particulier et en détail. La vraie raison des choses est invisible, insaisissable, indéfinissable indéterminable. Seul, l'esprit rétabli dans l'état de simplicité parfaite peut l'atteindre dans la contemplation profonde [4]. »

---

ciennes traditions de l'Amérique centrale, le symbole du monde est toujours donné par le cercle dans lequel est inscrite une croix.
1 *Lie-tseu,* chap. Ier. — Nous citons les textes de Lie-tseu et de Tchoang-tseu d'après la traduction du R. P. Léon Wieger.
2 C'est aussi la *Pax profunda* de la tradition rosi-crucienne.
3 Voir *L'Homme et son devenir selon le Vêdânta,* chap. XIII, 3e éd., et *Le Roi du Monde,* chap. III. — Il est dit qu'*Allah* « fait descendre la Paix dans les cœurs des fidèles » (*Huwa elladhî anzala es-Sakînata fî qulû-bil-mûminîn*) ; et la *Qabbalah* hébraïque enseigne exactement la même chose : « La *Shekinah* porte ce nom, dit l'hébraïsant Louis Cappel, parce qu'elle habite (*shakan*) dans le cœur des fidèles, laquelle habitation fut symbolisée par le Tabernacle (*mishkan*) où Dieu est censé résider » (*Critica sacra,* p. 311, édition d'Amsterdam, 1689 ; cité par M. P. Vulliaud, *La Kabbale juive,* t. Ier, p. 493). Il est à peine besoin de faire remarquer que la « descente » de la « Paix » dans le cœur s'effectue suivant l'axe vertical : c'est la manifestation de l'« Activité du Ciel ». — Voir aussi, d'autre part, l'enseignement de la doctrine hindoue sur le séjour de Brahma, symbolisé par l'éther, dans le cœur, c'est-à-dire dans le centre vital de l'être humain (*L'Homme et son devenir selon le Vêdânta,* chap. III).
4 *Lie-tseu,* chap. IV. — On voit ici toute la différence qui sépare la connaissance transcendante du sage du savoir ordinaire ou « profane » ; les allusions à la « simplicité », expression de l'unification de toutes les puissances de l'être, et regardée comme caractéristique de l'« état primordial », sont fréquentes dans le Taoïsme. De même, dans la doctrine hindoue, l'état d'« enfance » (*bâlya*), entendu au sens spirituel, est considéré comme une condition préalable pour l'acquisition de la connaissance par excellence (voir *L'Homme et son devenir selon le Vêdânta,* chap. XXIII, 3e éd.). — On peut rappeler à ce propos les paroles similaires qui se trouvent dans l'Evangile : « Quiconque ne recevra point le Royaume de Dieu comme un enfant, n'y entrera point « (*Si Luc,* XVIII, 17) ; « Tandis que vous avez caché ces choses aux savants et aux prudents, vous les avez révélées aux simples et aux petits » (*St Matthieu,* XI, 25 ;

Placé au centre de la « roue cosmique », le sage parfait la meut invisiblement [1], par sa seule présence, sans participer à son mouvement, et sans avoir à se préoccuper d'exercer une action quelconque : « L'idéal, c'est l'indifférence (le détachement) de l'homme transcendant, qui laisse tourner la roue cosmique [2]. » Ce détachement absolu le rend maître de toutes choses, parce que, ayant dépassé toutes les oppositions qui sont inhérentes à la multiplicité, il ne peut plus être affecté par rien : « Il a atteint l'impassibilité parfaite ; la vie et la mort lui sont également indifférentes, l'effondrement de l'univers (manifesté) ne lui causerait aucune émotion [3]. À force de scruter, il est arrivé à la vérité immuable, la connaissance du Principe universel unique. Il laisse évoluer tous les êtres selon leur destinée, et se tient, lui, au centre immobile de toutes les destinées [4]... Le signe extérieur de cet état intérieur, c'est l'imperturbabilité ; non pas celle du brave qui fonce seul, pour l'amour de la gloire, sur une armée rangée en bataille ; mais celle de l'esprit qui, supérieur au ciel, à la terre, à tous les êtres [5], habite dans un corps

---

St Luc, X, 21). De point central, par lequel s'établit la communication avec les états supérieurs ou « célestes », est la « porte étroite » du symbolisme évangélique ; les « riches » qui ne peuvent y passer, ce sont les êtres attachés à la multiplicité, et qui, par suite, sont incapables de s'élever de la connaissance distinctive à la connaissance unifiée. La « pauvreté spirituelle », qui est le détachement à l'égard de la manifestation, apparaît ici comme un autre symbole équivalent à celui de l'« enfance » : « Bienheureux les pauvres en esprit, car le Royaume des Cieux leur appartient » (*St Matthieu,* V. 2). Cette « pauvreté » (en arabe *El-faqru*) joue également un rôle important dans l'ésotérisme islamique ; outre ce que nous venons de dire, elle implique encore la dépendance complète de l'être, en tout ce qu'il est, vis-à-vis du Principe, « hors duquel il n'y a rien, absolument rien qui existe » (Mohyiddin ibn Arabi, *Risâlatul-Ahadiyah*).
1 C'est la même idée qui est exprimée d'une part, dans la tradition hindoue, par le terme *Chakravartî,* littéralement « celui qui fait tourner la roue » (voir *Le Roi du Monde,* chap. II, et *L'Ésotérisme de Dante,* 3ᵉ éd., p. 55)
2 *Tchoang-tseu,* chap. Iᵉʳ. — Cf. *Le Roi du Monde,* chap. IX.
3 Malgré l'apparente similitude de certaines expressions, cette « impassibilité » est tout autre chose que celle des Stoïciens, qui était d'ordre uniquement « moral », et qui, d'ailleurs, semble n'avoir jamais été qu'une sim-ple conception théorique.
4 Suivant le commentaire traditionnel de Tcheng-tseu sur le *Yi-king,* « le mot « destinée » désigne la véritable raison d'être des choses » ; le « centre de toutes les destinées », c'est donc le Principe en tant que tous les êtres ont en lui leur raison suffisante.
5 Le Principe ou le « Centre », en effet, est avant toute distinction, y compris celle du « Ciel » (*Tien*) et de la « Terre » (*Ti*), qui représente la première dualité, ces deux termes étant les équivalents respectifs de *Purusha* et de *Prakriti*.

auquel il ne tient pas [1], ne fait aucun cas des images que ses gens lui fournissent, connaît tout par connaissance globale dans son unité immobile [2]. Cet esprit-là, absolument indépendant, est maître des hommes ; s'il lui plaisait de les convoquer en masse, au jour fixé tous accourraient ; mais il ne veut pas se faire servir [3]. »

Au point central, toutes les distinctions inhérentes aux points de vue extérieurs sont dépassées ; toutes les oppositions ont disparu et sont résolues dans un parfait équilibre. « Dans l'état primordial, ces oppositions n'existaient pas. Toutes sont dérivées de la diversification des êtres (inhérentes à la manifestation et contingente comme elle), et de leurs contacts causés par la giration universelle [4]. Elles cesseraient, si la diversité et le mouvement cessaient. Elles cessent d'emblée d'affecter l'être qui a réduit son moi distinct et son mouvement particulier à presque rien [5]. Cet être n'entre plus en conflit avec aucun être, parce qu'il est établi dans l'infini, effacé dans l'infini [6]. Il est parvenu et se tient au point de départ des transformations, point neutre où il n'y a pas de conflits. Par concentration de sa nature, par alimentation de son esprit vital, par rassemblement de toutes ses puissances, il s'est uni au principe de toutes les genèses. Sa nature étant entière (totalisée synthétiquement dans l'unité principielle), son esprit vital étant intact, aucun

---

1 C'est l'état du *jîvan-mukta* (voir *L'Homme et son devenir selon le Vêdânta*, chap. XXIII, 3ᵉ éd.).

2 Cf. la condition de *Prâjna* dans la doctrine hindoue *(ibid.,* chap. xiv).

3 *Tchoang-tseu,* chap. V. — L'indépendance de celui qui, dégagé de toutes les choses contingentes, est parvenu à la connaissance de la vérité immuable est également affirmée dans l'Evangile : « Vous connaîtrez la vérité, et la vérité vous rendra libres » *(St Jean,* VIII, 32) ; et l'on pourrait aussi, d'autre part, faire un rapprochement entre ce qui précède et cette autre parole évangélique : « Cherchez d'abord le Royaume de Dieu et sa justice, et tout le reste vous sera donné par surcroît » (*St Matthieu,* VII, 33 ; *St-Luc,* XII, 31). Il faut se souvenir ici du rapport étroit qui existe entre l'idée de justice et celles d'équilibre et d'harmonie ; et nous avons aussi indiqué ailleurs la relation qui unit la justice et la paix (*Le Roi du Monde,* chap. Iᵉʳ et VI ; *Autorité spirituelle et pouvoir temporel,* chap. VIII).

4 C'est-à-dire par la rotation de la « roue cosmique » autour de son axe.

5 Cette réduction du « moi distinct », qui finalement disparaît en se résorbant en un point unique, est la même chose que le « vide » dont il a été question plus haut ; c'est aussi *El-fanâ* de l'ésotérisme islamique. Il est d'ailleurs évident, d'après le symbolisme de la roue, que le « mouvement » d'un être est d'autant plus réduit que cet être est plus rapproché du centre.

6 La première de ces deux expressions se rapporte à la « personnalité », et la seconde à l'« individualité ».

être ne saurait l'entamer [1]. »

Ce point central et primordial est identique au « Saint Palais » de la *Qabbalah* hébraïque ; en lui-même, il n'est pas situé, car il est absolument indépendant de l'espace, qui n'est que le résultat de son expansion ou de son développement indéfini en tous sens, et qui, par conséquent, procède entièrement de lui : « Transportons-nous en esprit, en dehors de ce monde des dimensions et des localisations, et il n'y aura plus lieu de vouloir situer le Principe [2]. » Mais, l'espace étant réalisé, le point primordial, tout en demeurant toujours essentiellement « non-localisé » (car il ne saurait être affecté ou modifié par là en quoi que ce soit), se fait le centre de cet espace (c'est-à-dire, en transportant ce symbolisme, le centre de toute la manifestation universelle), ainsi que nous l'avons déjà indiqué ; c'est de lui que partent les six directions, qui s'opposant deux à deux, représentent tous les contraires, et c'est aussi à lui qu'elles reviennent, par le mouvement alternatif d'expansion et de concentration qui constitue, ainsi qu'il a été dit plus haut, les deux phases complémentaires de toute manifestation. C'est la seconde de ces phases, le mouvement de retour vers l'origine, qui marque la voie suivie par le sage pour parvenir à l'union avec le Principe : la « concentration de sa nature », le « rassemblement de toutes ses puissances », dans le texte que nous citions tout à l'heure, l'indiquent aussi nettement que possible ; et la « simplicité », dont il a déjà été question, correspond à l'unité « sans dimensions » du point primordial. « L'homme absolument simple fléchit par sa simplicité tous les êtres…, si bien que rien ne s'oppose à lui dans les six régions de l'espace, que rien ne lui est hostile, que le feu et l'eau ne le blessent pas. [3] » En effet, il se tient au centre, dont les six directions sont issues par rayonnement et, où elles viennent, dans le mouvement de retour, se neutraliser deux à deux, de sorte que, en ce point unique, leur triple opposition cesse entièrement, et que rien de ce qui en résulte ou s'y localise ne peut atteindre l'être qui demeure dans l'unité immuable. Celui-ci ne s'opposant à rien, rien

---

1 *Tchoang-tseu,* chap. XIX. — La dernière phrase se rapporte encore aux conditions de l'« état primordial » : c'est ce que la tradition judéo-chrétienne désigne comme l'immortalité de l'homme avant la « chute », immortalité recouvrée par celui qui, revenu au « Centre du Monde », s'alimente à l'« Arbre de Vie ».
2 *Id.,* chap. XXII.
3 *Lie-tseu,* chap. II.

non plus ne saurait s'opposer à lui, car l'opposition est nécessairement une relation réciproque, qui exige deux termes en présence, et qui, par conséquent, est incompatible avec l'unité principielle ; et l'hostilité, qui n'est qu'une suite ou une manifestation extérieure de l'opposition, ne peut exister à l'égard d'un être qui est en dehors et au-delà de toute opposition. Le feu et l'eau, qui sont le type des contraires dans le « monde élémentaire », ne peuvent le blesser, car, à vrai dire, ils n'existent même plus pour lui en tant que contraires, étant rentrés, en s'équilibrant et se neutralisant l'un l'autre par la réunion de leurs qualités apparemment opposées, mais réellement complémentaires [1], dans l'indifférenciation de l'éther primordial.

Pour celui qui se tient au centre, tout est unifié, car il voit tout dans l'unité du Principe ; tous les points de vue particuliers (ou, si l'on veut, « particularistes ») et analytiques qui ne sont fondés que sur des distinctions contingentes, et dont naissent toutes les divergences des opinions individuelles, ont disparu pour lui, résorbés dans la synthèse totale de la connaissance transcendante, adéquate à la vérité une et immuable. « Son point de vue à lui, c'est un point d'où ceci et cela, oui et non, paraissent encore non-distingués. Ce point est le pivot de la norme ; c'est le centre immobile d'une circonférence sur le contour de laquelle roulent toutes les contingences, les distinctions et les individualités ; d'où l'on ne voit qu'un infini, qui n'est ni ceci ni cela, ni oui ni non. Tout voir dans l'unité primordiale non encore différenciée, ou d'une distance telle que tout se fond en un, voilà la vraie intelligence [2]. » Le « pivot de la norme », c'est ce que presque toutes les traditions appellent le « Pôle » [3], c'est-à-dire, comme nous l'avons déjà expliqué, le point fixe autour duquel s'accomplissent toutes les révolutions du monde, selon la norme ou la loi qui régit toute manifestation, et qui n'est elle-même que l'émanation directe du centre, c'est-à-dire

---

1 Le feu et l'eau, envisagés non plus sous l'aspect de l'opposition, mais sous celui du complémentarisme, sont une des expressions des deux principes actif et passif dans le domaine de la manifestation corporelle ou sensible ; les considérations se rapportant à ce point de vue ont été spécialement développées par l'hermétisme.
2 *Tchoang-tseu*, ch. II.
3 Nous avons étudié particulièrement ce symbolisme dans *Le Roi du Monde*. — Dans la tradition extrême-orientale, la « Grande Unité » *(Tai-i)* est représentée comme résidant dans l'étoile polaire, qui est appelée *Tien-ki*, c'est-à-dire littéralement « faîte du ciel ».

l'expression de la « Volonté du Ciel » dans l'ordre cosmique [1].

Chapitre VIII
LA GUERRE ET LA PAIX

Ce qui vient d'être dit sur la « paix » résidant au point central nous amène, quoique ceci puisse paraître une digression, à parler quelque peu d'un autre symbolisme, celui de la guerre, auquel nous avons déjà fait ailleurs quelques allusions [2]. Ce symbolisme se rencontre notamment dans la *Bhagavad-Gîtâ* : la bataille dont il est question dans ce livre représente l'action, d'une façon tout à fait générale, sous une forme d'ailleurs appropriée à la nature et à la fonction des *Kshatriyas* à qui il est plus spécialement destiné [3]. Le champ de bataille *(Kshêtra)* est le domaine de l'action, dans lequel l'individu développe ses possibilités, et qui est figuré par le plan horizontal dans le symbolisme géométrique ; il s'agit ici de l'état humain, mais la même représentation pourrait s'appliquer à tout autre état de manifestation, pareillement soumis, sinon à l'action proprement dite, du moins au changement et à la multiplicité.

---

[1] La « Rectitude » *(Te)*, dont le nom évoque l'idée de la ligne droite et plus particulièrement celle de l'« Axe du Monde », est, dans la doctrine de Lao-tseu, ce qu'on pourrait appeler une « spécification » de la « Voie » (*Tao*) par rapport à un être ou à un état d'existence déterminé : c'est la direction que cet être doit suivre pour que son existence soit selon la « Voie », ou, en d'autres termes, en conformité avec le Principe (direction prise dans le sens ascendant tandis que, dans le sens descendant, cette même direction est celle suivant laquelle s'exerce l'« Activité du Ciel »). — Ceci peut être rapproché de ce que nous avons indiqué ailleurs (*Le Roi du Monde*, chap. VIII) au sujet de l'orientation rituelle, dont il sera encore question plus loin.

[2] *Le Roi du Monde,* chap. X ; *Autorité spirituelle et pouvoir temporel,* chap. III et VIII.

[3] Krishna et Arjuna, qui représentent le « Soi » et le « moi », ou la « personnalité » et l'« individualité », *Atmâ* inconditionné *et jîvâtmâ,* sont montés sur un même char, qui est le « véhicule » de l'être envisagé dans son état de manifestation ; et, tandis qu'Arjuna combat, Krishna conduit le char sans combattre, c'est-à-dire sans être lui-même engagé dans l'action. D'autres symboles ayant la même signification se trouvent dans plusieurs textes des *Upanishad :* les « deux oiseaux qui résident sur le même arbre » (*Mundaka Upanishad,* 3ᵉ Mundaka, Iᵉʳ Khanda, shruti 1 ; *Shwêtâshwatara Upanishad,* 4ᵉ Adhyâya, shruti 6), et aussi les « deux qui sont entrés dans la caverne » (*Katlm Upanishad,* Iᵉʳ Adhyâya, 3ᵉ Vallî shruti I) ; la « caverne » n'est autre que la cavité du cœur, qui représente précisément le lieu de l'union de l'individuel avec l'Universel, ou du « moi » avec le « Soi » (voir *L'Homme et son devenir selon le Vêdânta,* chap. III). — El-Hallâj dit dans le même sens : « Nous sommes deux esprits conjoints dans un même corps » (*nahnu ruhâni halalnâ badana*).

Chapitre VIII

Cette conception ne se trouve pas seulement dans la doctrine hindoue, mais aussi dans la doctrine islamique, car tel est exactement le sens réel de la « guerre sainte » (*jihâd*) ; l'application sociale et extérieure n'est que secondaire, et ce qui le montre bien, c'est qu'elle constitue seulement la « petite guerre sainte » (*El-jihâdul-açghar*), tandis que la « grande guerre sainte » (*El-jihâdul-akbar*) est d'ordre purement intérieur et spirituel [1].

On peut dire que la raison d'être essentielle de la guerre, sous quelque point de vue et dans quelque domaine qu'on l'envisage, c'est de faire cesser un désordre et de rétablir l'ordre ; c'est, en d'autres termes, l'unification d'une multiplicité, par les moyens qui appartiennent au monde de la multiplicité elle-même ; c'est à ce titre, et à ce titre seul, que la guerre peut être considérée comme légitime. D'autre part, le désordre est, en un sens, inhérent à toute manifestation prise en elle-même, car la manifestation, en dehors de son principe, donc en tant que multiplicité non unifiée, n'est qu'une série indéfinie de ruptures d'équilibre. La guerre, entendue comme nous venons de le faire, et non limitée à un sens exclusivement humain, représente donc le processus cosmique de réintégration du manifesté dans l'unité principielle ; et c'est pourquoi, au point de vue de la manifestation elle-même, cette réintégration apparaît comme une destruction, ainsi qu'on le voit très nettement par certains aspects du symbolisme de *Shiva* dans la doctrine hindoue.

Si l'on dit que la guerre elle-même est encore un désordre, cela est vrai sous un certain rapport, et il en est nécessairement ainsi par là même qu'elle s'accomplit dans le monde de la manifestation et de la multiplicité ; mais c'est un désordre qui est destiné à compenser un autre désordre, et, suivant l'enseignement et la tradition extrême-orientale que nous avons déjà rappelé précédemment, c'est la somme même de tous les désordres, ou de tous les déséquilibres, qui constitue l'ordre total. L'ordre n'apparaît d'ailleurs que si l'on s'élève au-dessus de la multiplicité, si l'on cesse de considérer chaque chose isolément et « distinctivement » pour envisager toutes choses dans l'unité. C'est là le point de vue de la réalité, car la multiplicité, hors du principe unique, n'a qu'une existence il-

---

[1] Ceci repose sur un *hadîth* du Prophète qui, au retour d'une expédition, prononça cette parole : « Nous sommes revenus de la petite guerre sainte à la grande guerre sainte » (*rajanâ min el-jihâdil-açghar ilâ el-jihâdil-akbar*).

lusoire ; mais cette illusion, avec le désordre qui lui est inhérent, subsiste pour tout être tant qu'il n'est pas parvenu, d'une façon pleinement effective (et non pas, bien entendu, comme simple conception théorique), à ce point de vue de l'« unicité de l'Existence » (*Wahdatulwujûd)* dans tous les modes et tous les degrés de la manifestation universelle.

D'après ce que nous venons de dire, le but même de la guerre, c'est l'établissement de la paix, car la paix, même en son sens le plus ordinaire, n'est en somme pas autre chose que l'ordre, l'équilibre ou l'harmonie, ces trois termes étant à peu près synonymes et désignant tous, sous des aspects quelque peu différents, le reflet de l'unité dans la multiplicité même, lorsque celle-ci est rapportée à son principe. En effet, la multiplicité, alors, n'est pas véritablement détruite, mais elle est « transformée » ; et, quand toutes choses sont ramenées à l'unité, cette unité apparaît dans toutes choses, qui, bien loin de cesser d'exister, acquièrent au contraire par là, la plénitude de la réalité. C'est ainsi que s'unissent indivisiblement les deux points de vue complémentaires de « l'unité dans la multiplicité et la multiplicité dans « l'unité » (*El-wahdatu fîlkuthrati wal-kuthratu fîl-wahdati*), au point central de toute manifestation, qui est le « lieu divin » ou la « station divine » (*El-maqâmul-ilahî*) dont il a été parlé plus haut. Pour celui qui est parvenu en ce point, comme nous l'avons dit, il n'y a plus de contraires, donc plus de désordre ; c'est le lieu même de l'ordre, de l'équilibre, de l'harmonie, ou de la paix, tandis que hors de ce lieu, et pour celui qui y tend seulement sans y être encore arrivé, c'est l'état de guerre tel que nous l'avons défini, puisque les oppositions en lesquelles réside le désordre, ne sont pas encore surmontées définitivement.

Mais dans son sens extérieur et social, la guerre légitime, dirigée contre ceux qui troublent l'ordre et ayant pour but de les y ramener, constitue essentiellement une fonction de « justice », c'est-à-dire en somme une fonction équilibrante [1], quelles que puissent être les apparences secondaires et transitoires ; mais ce n'est là que la « petite guerre sainte », qui est seulement une image de l'autre, de la « grande guerre sainte ». On pourrait appliquer ici ce que nous avons dit à diverses reprises, et encore au début même de la présente étude, quant à la valeur symbolique des faits historiques, qui

---

1 Voir *Le Roi du Monde,* chap. VI.

peuvent être considérés comme représentatifs, selon leur mode, de réalités d'un ordre supérieur.

La grande « guerre sainte », c'est la lutte de l'homme contre les ennemis qu'il porte en lui-même, c'est-à-dire contre tous les éléments qui, en lui, sont contraires à l'ordre et à l'unité. Il ne s'agit pas, d'ailleurs, d'anéantir ces éléments, qui, comme tout ce qui existe, ont aussi leur raison d'être et leur place dans l'ensemble ; il s'agit plutôt, comme nous le disions tout à l'heure, de les « transformer » en les ramenant à l'unité, en les y résorbant en quelque sorte. L'homme doit tendre avant tout et constamment à réaliser l'unité en lui-même, dans tout ce qui le constitue, selon toutes les modalités de sa manifestation humaine : unité de la pensée, unité de l'action, et aussi, ce qui est peut-être le plus difficile, unité entre la pensée et l'action. Il importe d'ailleurs de remarquer que, en ce qui concerne l'action, ce qui vaut essentiellement, c'est l'intention (*niyyah*), car c'est cela seul qui dépend entièrement de l'homme lui-même, sans être affecté ou modifié par les contingences extérieures comme le sont toujours les résultats de l'action. L'unité dans l'intention et la tendance constante vers le centre invariable et immuable [1] sont représentées symboliquement par l'orientation rituelle (*qiblah*), les centres spirituels terrestres étant comme les images visibles du véritable et unique centre de toute manifestation, qui a d'ailleurs, ainsi que nous l'avons expliqué, son reflet direct dans tous les mondes, au point central de chacun d'eux, et aussi dans tous les êtres, où ce point central est désigné figurativement comme le cœur, en raison, de sa correspondance effective avec celui-ci dans l'organisme corporel.

Pour celui-ci qui est parvenu à réaliser parfaitement l'unité en lui-même, toute opposition ayant cessé, l'état de guerre cesse aussi par là même, car il n'y a plus que l'ordre absolu, selon le point de vue total qui est au-delà de tous les points de vue particuliers. À un tel être, comme il a déjà été dit précédemment, rien ne peut nuire désormais, car il n'y a plus pour lui d'ennemis, ni en lui ni hors de lui ; l'unité, effectuée au-dedans, l'est aussi et simultanément au-dehors, ou plutôt il n'y a plus ni dedans ni dehors, cela encore n'étant qu'une de ces oppositions qui se sont désormais effacées

---

1 Voir ce que nous avons dit ailleurs sur l'« intention droite » et la « bonne volonté » (*Le Roi du Monde,* chap. III et VIII).

à son regard [1]. Établi définitivement au centre de toutes choses, celui-là « est à lui-même sa propre loi » [2], parce que sa volonté est une avec le Vouloir universel (la « Volonté du Ciel » de la tradition extrême-orientale, qui se manifeste effectivement au point même où réside cet être) ; il a obtenu la « Grande Paix », qui est véritablement, comme nous l'avons dit, la « présence divine » *(Es-Sakînah,* l'immanence de la Divinité en ce point qui est le « Centre du Monde ») ; étant identifié, par sa propre unification, à l'unité principielle elle-même, il voit l'unité en toutes choses et toutes choses dans l'unité, dans l'absolue simultanéité de l'« éternel présent ».

Chapitre IX
L'ARBRE DU MILIEU

Un autre aspect du symbolisme de la croix est celui qui l'identifie à ce que les diverses traditions désignent comme l'« Arbre du Milieu » ou par quelque autre terme équivalent ; nous avons vu ailleurs que cet arbre est un des nombreux symboles de l'« Axe du Monde » [3]. C'est donc la ligne verticale de la croix, figure de cet axe, qui est ici, à considérer principalement : elle constitue le tronc de l'arbre, tandis que la ligne horizontale (ou les deux lignes horizontales pour la croix à trois dimensions) en forme les branches. Cet arbre s'élève au centre du monde, ou plutôt d'un monde, c'est-à-dire du domaine dans lequel se développe un état d'existence, tel que l'état humain qui est envisagé le plus habituellement en pareil cas. Dans le symbolisme biblique, en particulier, c'est l'« Arbre de Vie », qui est planté au milieu du « Paradis terrestre », lequel représente lui-même le centre de notre monde, ainsi que nous l'avons

---

1 Ce regard est, selon la tradition hindoue, celui du troisième œil de *Shiva,* qui représente le « sens de l'éternité », et dont la possession effective est essentiellement impliquée dans la restauration de l'« état primordial » (voir *L'Homme et son devenir selon le Vêdânta,* chap. XX, 3ᵉ éd., et *Le Roi du monde,* chap. V et VII).
2 Cette expression est empruntée à l'ésotérisme islamique : dans le même sens, la doctrine hindoue parle de l'être qui est parvenu à cet état comme *swêchchhâchâri,* c'est-à-dire « accomplissant sa propre volonté ».
3 *Le Roi du Monde,* chap. II ; sur l'« Arbre du Monde » et ses différentes formes, voir aussi *L'Homme et son devenir selon le Vêdânta,* chap. vin. — Dans l'ésotérisme islamique, il existe un traité de Mohyiddin ibn Arabi intitulé *L'Arbre du Monde {Shajaratul-Kawn).*

Chapitre IX

expliqué en d'autres occasions [1]. Bien que nous n'ayons pas l'intention de nous étendre ici sur toutes les questions relatives au symbolisme de l'arbre, et qui demanderaient une étude spéciale, il est cependant, à ce propos, quelques points que nous ne croyons pas inutile d'expliquer.

Dans le Paradis terrestre, il n'y avait pas que l'« Arbre de Vie » ; il en est un autre qui joue un rôle non moins important et même plus généralement connu : c'est l'« Arbre de la Science du bien et du mal »[2]. Les relations qui existent entre ces deux arbres sont très mystérieuses : le récit biblique, immédiatement après avoir désigné l'« Arbre de Vie » comme étant « au milieu du jardin », nomme l'« Arbre de la Science du bien et du mal »[3] ; plus loin, il est dit que ce dernier était également « au milieu du jardin »[4] ; et enfin Adam, après avoir mangé le fruit de l'« Arbre de la Science », n'aurait eu qu'à « étendre sa main » pour prendre aussi du fruit de l'« Arbre de Vie [5]. » Dans le second de ces trois passages, la défense faite par Dieu et même rapportée uniquement à « l'arbre qui est au milieu du jardin », et qui n'est pas autrement spécifié ; mais, en se reportant à l'autre passage où cette défense a été déjà énoncée [6], on voit que c'est évidemment de l'« Arbre de la Science du bien et du mal » qu'il s'agit en ce cas. C'est sans doute en raison du lien que cette proximité établit entre les deux arbres qu'ils sont étroitement unis dans le symbolisme, à tel point que certains arbres emblématiques présentent des traits qui évoquent l'un et l'autre à la fois ; mais il reste à expliquer en quoi ce lien consiste en réalité.

La nature de l'« Arbre de la Science du bien et du mal » peut, comme son nom même l'indique, être caractérisée par la dualité, puisque nous trouvons dans cette désignation deux termes qui sont, non pas même complémentaires, mais véritablement opposés, et dont on peut dire en somme que toute la raison d'être réside dans cette opposition, car, quand celle-ci est dépassée, il ne saurait

---

1 *Le Roi du Monde*, chap. V et IX ; *Autorité spirituelle et pouvoir temporel*, chap. V et VIII.
2 Sur le symbolisme végétal en relation avec le « Paradis terrestre », voir *L'Ésotérisme de Dante*, chap. IX.
3 *Genèse*, II, 9.
4 *Ibid.*, III, 3.
5 *Ibid.*, III, 22.
6 *Ibid.*, II, 17.

plus être question de bien ni de mal ; il ne peut en être de même pour l'« Arbre de Vie », dont la fonction d'« Axe du Monde » implique au contraire essentiellement l'unité. Donc, quand nous trouvons dans un arbre emblématique une image de la dualité, il semble bien qu'il faille voir là une allusion à l'« Arbre de la Science », alors même que, à d'autres égards, le symbole considéré serait incontestablement une figure de l'« Arbre de Vie ». Il en est ainsi par exemple pour l'« arbre séphirothique » de la *Qabbalah* hébraïque, qui est expressément désigné comme l'« Arbre de Vie », et où cependant la « colonne de droite » et la « colonne de gauche » offrent la figure de la dualité ; mais entre les deux est la « colonne du milieu », où s'équilibrent les deux tendances opposées, et où se retrouve ainsi l'unité véritable de l'« Arbre de Vie [1]. »

La nature duelle de l'« Arbre de la Science » n'apparaît d'ailleurs à Adam qu'au moment même de la « chute », puisque c'est alors qu'il devient « connaissant le bien et le mal [2] ». C'est alors aussi qu'il est éloigné du centre qui est le lieu de l'unité première, à laquelle correspond l'« Arbre de Vie » ; et c'est précisément « pour garder le chemin de l'Arbre de Vie » que les *Kerubim* (les « tétramorphes » synthétisant en eux le quaternaire des puissances élémentaires), armés de l'épée flamboyante, sont placés à l'entrée de l'*Eden* [3]. Ce centre est devenu inaccessible pour l'homme déchu, ayant perdu le « sens de l'éternité », qui est aussi le « sens de l'unité » [4] ; revenir au centre, par la restauration de l'« état primordial », et atteindre l'« Arbre de Vie », c'est recouvrer ce « sens de l'éternité ».

D'autre part, on sait que la croix même du Christ est identifiée symboliquement à l'« Arbre de Vie » *(lignum vitae)*, ce qui se comprend d'ailleurs assez facilement ; mais, d'après une « légende de la Croix » qui avait cours au Moyen Age, elle aurait été faite du

---

1 Sur l'« arbre séphirothique », voir *Le Roi du Monde,* chap. III. — De même, dans le symbolisme médiéval, l'« arbre des vifs et des morts », par ses deux côtés dont les fruits représentent respectivement les œuvres bonnes et mauvaises, s'apparente nettement à l'« Arbre de la Science du bien et du mal » ; et en même temps son tronc, qui est le Christ lui-même, l'identifie à l'« Arbre de Vie ».
2 *Genèse,* III, 22. — Lorsque « leurs yeux furent ouverts », Adam et Eve se couvrirent de feuilles de figuier *(ibid.,* III, 7) ; ceci est à rapprocher du fait que, dans la tradition hindoue, l'« Arbre du Monde » est représenté par le figuier, et aussi du rôle que joue ce même arbre dans l'Evangile.
3 *Ibid.,* III, 24.
4 Cf. *Le Roi du Monde,* chap. V.

Chapitre IX

bois de l'« Arbre de la Science », de sorte que celui-ci, après avoir été l'instrument de la « chute », serait devenu ainsi celui de la « rédemption ». On voit s'exprimer ici la connexion de ces deux idées de « chute » et de « rédemption », qui sont en quelque sorte inverses l'une de l'autre, et il y a là comme une allusion au rétablissement de l'ordre primordial [1] ; dans ce nouveau rôle, l'« Arbre de la Science » s'assimile en quelque sorte à l'« Arbre de Vie », la dualité étant effectivement réintégrée dans l'unité [2].

Ceci peut faire penser également au « serpent d'airain » élevé par Moïse dans le désert [3], et que l'on sait être aussi un symbole de « rédemption », de sorte que la perche sur laquelle il est placé équivaut à cet égard à la croix et rappelle de même l'« Arbre de Vie » [4]. Cependant, le serpent est plus habituellement associé à l'« Arbre de la Science » ; mais c'est qu'il est alors envisagé sous son aspect maléfique, et nous avons déjà fait observer ailleurs que, comme beaucoup d'autres symboles, il a deux significations opposées [5]. Il ne faut pas confondre le serpent qui représente la vie et celui qui représente la mort, le serpent qui est un symbole du Christ et celui qui est un symbole de Satan (et cela même lorsqu'ils se trouvent aussi étroitement unis que dans la curieuse figuration de l'« amphisbène » ou serpent à deux têtes) ; et l'on pourrait dire que le rapport de ces deux aspects contraires n'est pas sans présenter une certaine similitude avec celui des rôles que jouent respectivement

---

1 Ce symbolisme est à rapprocher de ce que saint Paul dit des deux Adam (1ᵉʳ *Épître aux Corinthiens*, XV), et à quoi nous avons déjà fait allusion plus haut. La figuration du crâne d'Adam au pied de la croix, en relation avec la légende d'après laquelle il aurait été enterré au *Golgotha* même (dont le nom signifie « crâne »), n'est qu'une autre expression symbolique du même rapport.

2 Il est à remarquer que la croix, sous sa forme ordinaire, se rencontre dans les hiéroglyphes égyptiens avec le sens de « salut » (par exemple dans le nom de Ptolémée *Soter*). Ce signe est nettement distinct de la « croix ansée » *(ankh)*, qui, de son côté, exprime l'idée de « vie », et qui fut d'ailleurs employée fréquemment comme symbole par les Chrétiens des premiers siècles. On peut se demander si le premier de ces deux hiéroglyphes n'aurait pas un certain rapport avec la figuration de l'« Arbre de Vie », ce qui relierait l'une à l'autre ces deux formes différentes de la croix, puisque leur signification serait ainsi en partie identique ; et, en tout cas, il y a entre les idées de « vie » et de « salut » une connexion évidente.

3 *Nombres*, XXI.

4 Le bâton d'Esculape a une signification similaire ; dans le caducée d'Hermès, on a les deux serpents en opposition, correspondant à la double signification du symbole.

5 *Le Roi du Monde*, chap. III.

l'« Arbre de Vie » et l'« Arbre de la science [1]. »

Nous avons vu tout à l'heure qu'un arbre affectant une forme ternaire, comme l'« arbre séphirothique », peut synthétiser en lui, en quelque sorte, les natures de l'« Arbre de Vie » et de l'« Arbre de la Science », comme si ceux-ci se trouvaient réunis en un seul, le ternaire étant ici décomposable en l'unité et la dualité dont il est la somme [2]. Au lieu d'un arbre unique, on peut avoir aussi, avec la même signification, un ensemble de trois arbres unis par leurs racines, celui du milieu étant l'« Arbre de Vie », et les deux autres correspondant à la dualité de l'« Arbre de la Science ». On trouve quelque chose de comparable dans la figuration de la croix du Christ entre deux autres croix, celles du bon et du mauvais larron : ceux-ci sont placés respectivement à la droite et à la gauche du Christ crucifié comme les élus et les damnés le seront à la droite et à la gauche du Christ triomphant au « Jugement dernier » ; et, en même temps qu'ils représentent évidemment le bien et le mal, ils correspondent aussi, par rapport au Christ, à la « Miséricorde » et à la « Rigueur », les attributs caractéristiques des deux colonnes latérales de l'« arbre séphirothique ». La croix du Christ occupe toujours la place centrale qui appartient proprement à l'« Arbre de Vie » ; et, lorsqu'elle est placée entre le soleil et la lune comme on le voit dans la plupart des anciennes figurations, il en est encore de même : elle est alors véritablement l'« Axe du Monde [3]. »

Dans le symbolisme chinois, il existe un arbre dont les branches sont anastomosées de façon à ce que leurs extrémités se rejoignent deux à deux pour figurer la synthèse des contraires ou la résolution de la dualité dans l'unité ; on trouve ainsi, soit un arbre unique dont les branches se divisent et se rejoignent de même par leurs branches [4].

---

1 Le serpent enroulé autour de l'arbre (ou autour du bâton qui en est un équivalent) est un symbole qui se rencontre dans la plupart des traditions ; nous verrons plus loin quelle en est la signification au point de vue de la représentation géométrique de l'être et de ses états.
2 Dans un passage de l'*Astrée* d'Honoré d'Urfé, il est question d'un arbre à trois jets, d'après une tradition qui paraît bien être d'origine druidique.
3 Cette identification de la croix à l'« Axe du Monde » se trouve énoncée expressément dans la devise des Chartreux : « *Stat Crux dum volvitur orbis.* » — Cf. le symbole du « globe du Monde », où la croix, surmontant le pôle, tient également la place de l'axe (voir *L'Esotérisme de Dante*, chap. VIII).
4 Ces deux formes se rencontrent notamment sur des bas-reliefs de l'époque des

C'est le processus de la manifestation universelle : tout part de l'unité et revient à l'unité ; dans l'intervalle se produit la dualité, division ou différenciation d'où résulte la phase d'existence manifestée ; les idées de l'unité et de la dualité sont donc réunies ici comme dans les autres figurations dont nous venons de parler [1]. Il existe aussi des représentations de deux arbres distincts et joints par une seule branche (c'est ce qu'on appelle l'« arbre lié ») ; dans ce cas, une petite branche sort de la branche commune, ce qui indique nettement qu'il s'agit alors de deux principes complémentaires et du produit de leur union ; et ce produit peut être encore la manifestation universelle, issue de l'union du « Ciel » et de la « Terre », qui sont les équivalents de *Purusha* et de *Prakriti* dans la tradition extrême-orientale, ou encore de l'action et de la réaction réciproques du *yang* et du *yin*, éléments masculin et féminin dont procèdent et participent tous les êtres, et dont la réunion en équilibre parfait constitue (ou reconstitue) l'« Androgyne » primordial dont il a été question plus haut [2].

Revenons maintenant à la représentation du « Paradis terrestre » : de son centre, c'est-à-dire du pied même de l'« Arbre de Vie », partent quatre fleuves se dirigeant vers les quatre points cardinaux, et traçant ainsi la croix horizontale sur la surface même du monde terrestre, c'est-à-dire dans le plan qui correspond au domaine de l'état humain. Ces quatre fleuves, qu'on peut rapporter au quater-

---

Han.

1 L'arbre dont il s'agit porte des feuilles trilobées rattachées à deux branches à la fois, et, à son pourtour, des fleurs en forme de calice ; des oiseaux volent autour ou sont posés sur l'arbre. — Sur le rapport entre le symbolisme des oiseaux et celui de l'arbre dans différentes traditions, voir *L'Homme et son devenir selon le Vêdânta*, chap. III, où nous avons relevé à cet égard divers textes des *Upanishads* et la parabole évangélique du grain de sénevé ; on peut y ajouter, chez les Scandinaves, les deux corbeaux messagers d'Odin se reposant sur le frêne *Ygdrasil*, qui est une des formes de l'« Arbre du Monde ». Dans le symbolisme du Moyen Age, on trouve également des oiseaux sur l'arbre *Peridexion* au pied duquel est un dragon ; le nom de cet arbre est une corruption de *Paradision*, et il peut sembler assez étrange qu'il ait été ainsi déformé, comme si l'on avait cessé de le comprendre à un certain moment.

2 Au lieu de l'« arbre lié », on trouve aussi parfois deux rochers joints de la même façon ; il y a d'ailleurs un rapport étroit entre l'arbre et le rocher, équivalent de la montagne, en tant que symboles de l'« Axe du Monde » ; et, d'une façon plus générale encore, il y a un rapprochement constant de la pierre et de l'arbre dans la plupart des traditions.

naire des éléments ¹, et qui sont issus d'une source unique correspondant à l'éther primordial ², divisent en quatre parties, qui peuvent être rapportées aux quatre phases d'un développement cyclique ³, l'enceinte circulaire du « Paradis terrestre », laquelle n'est autre que la coupe horizontale de la forme sphérique universelle dont il a été question plus haut ⁴.

L'« Arbre de Vie » se retrouve au centre de la « Jérusalem céleste », ce qui s'explique aisément quand on connaît les rapports de celle-ci

---

1 La *Qabbalah* fait correspondre à ces quatre fleuves les quatre lettres dont est formé le mot *PaRDeS*.

2 Cette source est, suivant la tradition des « Fidèles d'Amour », la « fontaine de jouvence » (*fons juventutis*), toujours représentée comme située au pied d'un arbre ; ses eaux sont donc assimilables au « breuvage d'immortalité » (l'*amrita* de la tradition hindoue) ; les rapports de l'« Arbre de Vie » avec le *Sonia* védique et le *Haoma* mazdéen sont d'ailleurs évidents (cf. *Le Roi du Monde,* chap. IV et VI. Rappelons aussi, à ce propos, la « rosée de lumière » qui, d'après la *Qabbalah* hébraïque, émane de l'« Arbre de Vie », et par laquelle doit s'opérer la résurrection des morts (voir *ibid.,* chap. III) ; la rosée joue également un rôle important dans le symbolisme hermétique. Dans les traditions extrême-orientales, il est fait mention de l'« arbre de la rosée douce », situé sur le mont *Kouenlun*, qui est souvent pris comme un équivalent du *Mêru* et des autres « montagnes sacrées » (la « montagne polaire », qui est, comme l'arbre, un symbole de l'« Axe du Monde », ainsi que nous venons de le rappeler). — Suivant la même tradition des « Fidèles d'Amour » (voir Luigi Valli, *Il Linguaggio segreto di Dante e dei « Fedeli d'Amore »*), cette source est aussi la « fontaine d'enseignement », ce qui se rapporte à la conservation de la Tradition primordiale au centre spirituel du monde ; nous retrouvons donc ici, entre l'« état primordial » et la « Tradition primordiale », le lien que nous avons signalé ailleurs au sujet du symbolisme du « Saint Graal », envisagé sous le double aspect de la coupe et du livre (*Le Roi du Monde,* chap. V). Rappelons encore la représentation, dans le symbolisme chrétien, de l'agneau sur le livre scellé de sept sceaux, sur la montagne d'où descendent les quatre fleuves (voir *ibid.,* chap. ix), nous verrons plus loin le rapport qui existe entre le symbole de l'« Arbre de Vie » et celui du « Livre de Vie ». — Un autre symbolisme pouvant donner lieu à des rapprochements intéressants se trouve chez certains peuples de l'Amérique centrale, qui, « à l'intersection de deux diamètres rectangulaires tracés dans un cercle, placent le cactus sacré, *peyotl* ou *hicouri*, symbolisant la « coupe d'immortalité », et qui est ainsi censé se trouver au centre d'une sphère creuse et au centre du monde » (A. Rouhier, *La Plante qui fait les yeux émerveillés. Le Peyotl*, Paris, 1927, p. 154). Cf. aussi, en correspondance avec les quatre fleuves, les quatre coupes sacrificielles des *Rhibus* dans le *Véda*.

3 Voir *L'Esotérisme de Dante,* chap. VIII, où, à propos de la figure du « vieillard de Crète », qui représente les quatre âges de l'humanité, nous avons indiqué l'existence d'un rapport analogique entre les quatre fleuves des Enfers et ceux du Paradis terrestre.

4 Voir *Le Roi du Monde,* chap. XI.

Chapitre IX

avec le « Paradis terrestre »[1] : il s'agit de la réintégration de toutes choses dans l'« état primordial », en vertu de la correspondance de la fin du cycle avec son commencement, suivant ce que nous expliquerons encore par la suite. Il est remarquable que cet arbre, d'après le symbolisme apocalyptique, porte alors douze fruits[2], qui sont, comme nous l'avons dit ailleurs[3], assimilables aux douze *Adityas* de la tradition hindoue, ceux-ci étant douze formes du soleil qui doivent apparaître toutes simultanément à la fin du cycle, rentrant alors dans l'unité essentielle de leur nature commune car ils sont autant de manifestations d'une essence unique et indivisible, *Aditi,* qui correspond à l'essence une de l'« Arbre de Vie » lui-même, tandis que *Diti* correspond à l'essence duelle de l'« Arbre de la Science du bien et du mal[4]. » D'ailleurs, dans diverses traditions, l'image du soleil est souvent liée à celle d'un arbre, comme si le soleil était le fruit de l'« Arbre du Monde » ; il quitte son arbre au début du cycle et vient s'y reposer à la fin[5]. Dans les idéogrammes chinois, le caractère désignant le coucher du soleil le représente se reposant sur son arbre à la fin du jour (qui est analogue à la fin du cycle) ; l'obscurité est représentée par un caractère qui figure le soleil tombé au pied de l'arbre. Dans l'Inde, on trouve l'arbre triple portant trois soleils, image de la *Trimûrti,* ainsi que l'arbre ayant pour fruits douze soleils, qui sont, comme nous venons de le dire, les douze *Adityas* ; en Chine, on trouve également l'arbre à douze soleils, en relation avec les douze signes du Zodiaque ou avec les douze mois de l'année comme les *Adityas,* et quelquefois aussi à dix, nombre de la perfection cyclique comme dans la doctrine py-

---

1 Voir encore *ibid.*, chap. XI. — La figure de la « Jérusalem céleste » est, non plus circulaire, mais carrée, l'équilibre final étant alors atteint pour le cycle considéré.
2 Les fruits de l'« Arbre de Vie » sont les « pommes d'or » du jardin des Hespérides ; la « toison d'or » des Argonautes, également placée sur un arbre et gardée par un serpent ou un dragon, est un autre symbole de l'immortalité que l'homme doit reconquérir.
3 Voir *Le Roi du Monde,* chap. IV et XI.
4 Les *Dêvas*, assimilés aux *Adityas,* sont dits issus d'*Aditi* (« indivisibilité ») ; de *Diti* (« division ») sont issus les *Daïtyas* ou les *Asuras*. — *Aditi* est aussi, en un certain sens, la « Nature primordiale », appelée en arabe *El-Fitrah*.
5 Ceci n'est pas sans rapport avec ce que nous avons indiqué ailleurs en ce qui concerne le transfert de certaines désignations des constellations polaires aux constellations zodiacales ou inversement *(Le Roi du Monde,* ch. X). — Le soleil peut, d'une certaine façon, être dit « fils du Pôle » ; de là l'antériorité du symbolisme « polaire » par rapport au symbolisme « solaire ».

thagoricienne [1]. D'une façon générale, les différents soleils correspondent aux différentes phases d'un cycle [2] ; ils sortent de l'unité au commencement de celui-ci et y rentrent à la fin, qui coïncide avec le commencement d'un autre cycle, en raison de la continuité de tous les modes de l'Existence universelle.

Chapitre X
LE SWASTIKA

Une des formes les plus remarquables de ce que nous avons appelé la croix horizontale, c'est-à-dire de la croix tracée dans le plan qui représente un certain état d'existence, est la figure du *swastika,* qui semble bien se rattacher directement à la Tradition primordiale, car on la rencontre dans les pays les plus divers et les plus éloignés les uns des autres, et cela dès les époques les plus reculées ; loin d'être un symbole exclusivement oriental comme on le croit parfois, il est un de ceux qui sont le plus généralement répandus, de l'Extrême-Orient à l'Extrême-Occident, car il existe jusque chez certains peuples indigènes de l'Amérique [3]. Il est vrai que, à l'époque actuelle, il s'est conservé surtout dans l'Inde et dans l'Asie centrale et orientale, et qu'il n'y a peut-être que dans ces régions que l'on sache encore ce qu'il signifie ; mais pourtant, en Europe même, il n'a pas entièrement disparu [4]. Dans l'antiquité, nous

1 Cf., dans la doctrine hindoue, les dix *Avatâras* se manifestant pendant la durée d'un *Manvantara.*
2 Chez les peuples de l'Amérique centrale, les quatre âges en lesquels est divisée la grande période cyclique sont considérés comme régis par quatre soleils différents, dont les désignations sont tirées de leur correspondance avec les quatre éléments.
3 Nous avons même relevé assez récemment une information qui semblerait indiquer que les traditions de l'Amérique ancienne ne sont pas aussi complètement perdues qu'on le pense ; l'auteur de l'article où nous l'avons trouvée ne s'est d'ailleurs probablement pas douté de sa portée ; la voici textuellement reproduite : « En 1925, une grande partie des Indiens Cunas se soulevèrent, tuèrent les gendarmes de Panama qui habitaient sur leur territoire, et fondèrent la République indépendante de *Tulé,* dont le drapeau est un *swastika* sur fond orange à bordure rouge. Cette république existe encore à l'heure actuelle » (*Les Indiens de l'isthme de Panama,* par G. Grandidier : *Journal des Débats,* 22 janvier 1929). On remarquera surtout l'association du *swastika* avec le nom de *Tulé* ou *Tula,* qui est une des plus anciennes désignations du centre spirituel suprême, appliquée aussi par la suite à quelques-uns des centres subordonnés (voir *Le Roi du Monde,* chap. X).
4 En Lithuanie et en Courlande, les paysans tracent encore ce signe dans leurs mai-

Chapitre X

trouvons ce signe, en particulier, chez les Celtes et dans la Grèce préhellénique [1] ; et, en Occident encore, il fut anciennement un des emblèmes du Christ, et il demeura même en usage comme tel jusque vers la fin du Moyen Age [2].

Nous avons dit ailleurs que le *swastika* est essentiellement le « signe du Pôle » [3] ; si nous le comparons à la figure de la croix inscrite dans la circonférence, nous pouvons nous rendre compte aisément que ce sont là, au fond, deux symboles équivalents à certains égards ; mais la rotation autour du centre fixe, au lieu d'être représentée par le tracé de la circonférence, est seulement indiquée

---

sons ; sans doute n'en connaissent-ils plus le sens et n'y voient-ils qu'une sorte de talisman protecteur ; mais ce qui est peut-être le plus curieux, c'est qu'ils lui donnent son nom sanscrit de *swastika*. Il semble d'ailleurs que le lithuanien soit, de toutes les langues européennes, celle qui a le plus de ressemblance avec le sanscrit. — Nous laissons entièrement de côté, cela va sans dire, l'usage tout artificiel et même antitraditionnel du *swastika* par les « racistes » allemands qui, sous l'appellation fantaisiste et quelque peu ridicule de *hakenkreuz* ou « croix à crochets », en firent très arbitrairement un signe d'antisémitisme, sous prétexte que cet emblème aurait été propre à la soi-disant « race âryenne », alors que c'est au contraire, comme nous venons de le dire, un symbole réellement universel. — Signalons à ce propos que la dénomination de « croix gammée », qui est souvent donnée au *swastika* en Occident à cause de la ressemblance de la forme de ses branches avec celle de la lettre grecque *gamma*, est également erronée ; en réalité, les signes appelés anciennement *gammadia* étaient tout différents, bien que s'étant trouvés parfois, en fait, plus ou moins étroitement associés au *swastika* dans les premiers siècles du *Christianisme*. L'un de ces signes, appelé aussi « croix du Verbe », est formé de quatre *gammas* dont les angles sont tournés vers le centre ; la partie intérieure de la figure, ayant la forme cruciale, représente le Christ, et les quatre *gammas* angulaires les quatre Evangélistes ; cette figure équivaut ainsi à la représentation bien connue du Christ au milieu des quatre animaux. On trouve une autre disposition où une croix centrale est entourée de quatre *gammas* placés en carré (les angles étant tournés en dehors au lieu de l'être en dedans) ; la signification de cette figure est la même que celle de la précédente. Ajoutons, sans y insister davantage, que ces signes mettent le symbolisme de l'équerre (dont la forme est celle du *gamma*) en relation directe avec celui de la croix.

1 Il existe diverses variantes du *swastika*, notamment une forme à branches courbes (ayant l'apparence de deux S croisés), et d'autres formes indiquant une relation avec divers symboles dont nous ne pouvons développer ici la signification ; la plus importante de ces formes est le *swastika* dit « clavigère », parce que ses branches sont constituées par des clefs (voir *La Grande Triade,* chap. VI). D'autre part, certaines figures qui n'ont gardé qu'un caractère purement décoratif, comme celle à laquelle on donne le nom de « grecque », sont originairement dérivées du *swastika*.

2 Voir *Le Roi du Monde,* chap. Ier.

3 *Ibid.,* chap. II. — Ayant indiqué à cette occasion les interprétations fantaisistes des Occidentaux modernes, nous n'y reviendrons pas ici.

dans le *swastika* par les lignes ajoutées aux extrémités des branches de la croix et formant avec celles-ci des angles droits ; ces lignes sont des tangentes à la circonférence, qui marquent la direction du mouvement aux points correspondants. Comme la circonférence représente le monde manifesté, le fait qu'elle est pour ainsi dire sous-entendue indique très nettement que le *swastika* n'est pas une figure du monde, mais bien de l'action du Principe à l'égard du monde.

Si l'on rapporte le *swastika* à la rotation d'une sphère telle que la sphère céleste autour de son axe, il faut le supposer tracé dans le plan équatorial, et alors le point central sera, comme nous l'avons déjà expliqué, la projection de l'axe sur ce plan qui lui est perpendiculaire. Quant au sens de la rotation indiquée par la figure, l'importance n'en est que secondaire et n'affecte pas la signification générale du symbole ; en fait, on trouve l'une et l'autre des deux formes indiquant une rotation de droite à gauche et de gauche à droite [1], et cela sans qu'il faille y voir toujours une intention d'établir entre elles une opposition quelconque. Il est vrai que, dans certains pays et à certaines époques, il a pu se produire, par rapport à la tradition orthodoxe, des schismes dont les partisans ont volontairement donné à la figure une orientation contraire à celle qui était en usage dans le milieu dont ils se séparaient, pour affirmer leur antagonisme par une manifestation extérieure, mais cela ne touche en rien à la signification essentielle, qui demeure la même dans tous les cas. D'ailleurs, on trouve parfois les deux formes associées ; on peut alors les regarder comme représentant une même rotation vue de l'un et de l'autre des deux pôles ; ceci se rattache au symbolisme très complexe des deux hémisphères, qu'il ne nous est

---

1 Le mot *swastika* est, en sanscrit, le seul qui serve à désigner dans tous les cas le symbole en question ; le terme *sauvastika*, que certains ont voulu appliquer à l'une des deux formes pour la distinguer de l'autre (qui seule serait alors le véritable *swastika*), n'est en réalité qu'un adjectif dérivé de *swastika*, et indiquant ce qui se rapporte à ce symbole ou à ses significations. — Quant au mot *swastika* lui-même, on le fait dériver de *su asti*, formule de « bénédiction » au sens propre, qui a son exact équivalent dans le *ki-tôb* hébraïque de la *Genèse*. En ce qui concerne ce dernier, le fait qu'il se trouve répété à la fin du récit de chacun des « jours » de la création est assez remarquable si l'on tient compte de ce rapprochement : il semble indiquer que ces « jours » sont assimilables à autant de rotations du *swastika*, ou, en d'autres termes, de révolutions complètes de la « roue du monde », révolutions dont résulte la succession de « soir et matin » qui est énoncée ensuite (cf. aussi *La Grande Triade,* chap. V).

pas possible d'aborder ici [1].

Nous ne pouvons non plus songer à développer toutes les considérations auxquelles peut donner lieu le symbolisme du *swastika*, et qui, d'ailleurs, ne se rattachent pas directement au sujet propre de la présente étude ; mais il ne nous était pas possible, en raison de son importance considérable au point de vue traditionnel, de passer entièrement sous silence cette forme spéciale de la croix ; nous avons donc cru nécessaire de donner tout au moins, en ce qui le concerne, ces indications quelque peu sommaires, mais nous nous en tiendrons là pour ne pas nous engager dans de trop longues digressions.

Chapitre XI
REPRÉSENTATION GÉOMÉTRIQUE DES DEGRÉS DE L'EXISTENCE

Jusqu'ici, nous n'avons fait qu'examiner les divers aspects du symbolisme de la croix, en montrant leur rattachement à la signification métaphysique que nous avons indiquée en premier lieu. Ces considérations, qui ne sont en quelque sorte que préliminaires, étant terminées, c'est cette signification métaphysique que nous devons maintenant nous attacher à développer, en poussant aussi loin que possible l'étude du symbolisme géométrique par lequel sont représentés à la fois, soit les degrés de l'Existence universelle, soit les états de chaque être, suivant les deux points de vue que nous avons appelés « macrocosmique » et « microcosmique ».

Rappelons tout d'abord que, lorsqu'on envisage l'être dans son état individuel humain, il faut avoir le plus grand soin de remarquer que l'individualité corporelle n'est en réalité qu'une portion restreinte, une simple modalité de cette individualité humaine, et que celle-ci, dans son intégralité, est susceptible d'un développement indéfini, se manifestant dans des modalités dont la multiplicité est également indéfinie, mais dont l'ensemble ne constitue cependant qu'un état particulier de l'être, situé tout entier à un seul et même degré de l'Existence universelle. Dans le cas de l'état in-

---
1 Il y a à cet égard une relation entre le symbole du *swastika* et celui de la double spirale, très important également, et qui, d'autre part, est assez étroitement apparenté au *yin-yang* extrême-oriental dont il sera question plus loin.

dividuel humain, la modalité corporelle correspond au domaine de la manifestation grossière ou sensible, tandis que les autres modalités appartiennent au domaine de la manifestation subtile, ainsi que nous l'avons déjà expliqué ailleurs [1]. Chaque modalité est déterminée par un ensemble de conditions qui en délimitent les possibilités, et dont chacune, considérée isolément des autres, peut d'ailleurs s'étendre au-delà du domaine de cette modalité, et se combiner alors avec des conditions différentes pour constituer les domaines d'autres modalités, faisant partie de la même individualité intégrale [2]. Ainsi, ce qui détermine une certaine modalité, ce n'est pas précisément une condition spéciale d'existence, mais plutôt une combinaison ou une association de plusieurs conditions ; pour nous expliquer plus complètement sur ce point, il nous faudrait prendre un exemple tel que celui des conditions de l'existence corporelle, dont l'exposition détaillée nécessiterait, comme nous l'indiquions plus haut, toute une étude à part [3].

Chacun des domaines dont nous venons de parler, comme contenant une modalité d'un certain individu, peut d'ailleurs, si on l'envisage en général et seulement par rapport aux conditions qu'il implique, contenir des modalités similaires appartenant à une indéfinité d'autres individus, dont chacun, de son côté, est un état de manifestation d'un des êtres de l'Univers : ce sont là des états et des modalités qui se correspondent dans tous ces êtres. L'ensemble des domaines contenant toutes les modalités d'une même individualité, domaines qui, comme nous l'avons dit, sont en multitude indéfinie, et dont chacun est encore indéfini en extension, cet ensemble, disons-nous, constitue un degré de l'Existence universelle, lequel, dans son intégralité, contient une indéfinité d'individus. Il est bien entendu que nous supposons, en tout ceci, un degré de l'Existence qui comporte un état individuel, dès lors que nous avons pris pour type l'état humain ; mais tout ce qui se rapporte aux modalités mul-

---

1 *L'homme et son devenir selon le Vêdânta,* chap. II, et aussi chap. XII et XIII, 3ᵉ éd.
— Il faut noter aussi que, quand on parle de la manifestation subtile, on est souvent obligé de comprendre dans ce terme les états individuels non-humains, en outre des modalités extracorporelles de l'état humain dont il est ici question.
2 Il y a lieu d'envisager aussi, et nous pourrions même dire surtout, tout au moins en ce qui concerne l'état humain, des modalités qui sont en quelque sorte des extensions résultant de la suppression pure et simple d'une ou plusieurs conditions limitatives.
3 Sur ces conditions, voir *L'Homme et son devenir selon le Vêdânta,* chap. XXIV, 3ᵉ éd.

tiples est également vrai dans un état quelconque, individuel ou non-individuel, car la condition individuelle ne peut apporter que des limitations restrictives, sans toutefois que les possibilités qu'elle inclut perdent pour cela leur indéfinité [1].

Nous pouvons, d'après ce que nous avons déjà dit, représenter un degré de l'Existence par un plan horizontal, s'étendant indéfiniment suivant deux dimensions, qui correspondent aux deux indéfinités que nous avons ici à considérer : d'une part, celle des individus, que l'on peut représenter par l'ensemble des droites du plan parallèles à l'une des dimensions, définie, si l'on veut, par l'intersection de ce plan horizontal avec un plan de front [2] ; et, d'autre part, celle des domaines particuliers aux différentes modalités des individus, qui sera alors représentée par l'ensemble des droites du plan horizontal perpendiculaires à la direction précédente, c'est-à-dire parallèles à l'axe visuel ou antéro-postérieur, dont la direction définit l'autre dimension [3]. Chacune de ces deux catégories comprend une indéfinité de droites parallèles entre elles, et toutes indéfinies en longueur ; chaque point du plan sera déterminé par l'intersection de deux droites appartenant respectivement à ces deux catégories, et représentera, par conséquent, une modalité particulière d'un des individus compris dans le degré considéré.

Chacun des degrés de l'Existence universelle, qui en comporte une indéfinité, pourra être représenté de même, dans une étendue à trois dimensions, par un plan horizontal. Nous venons de voir que la section d'un tel plan par un plan de front représente un

---

1 Nous rappelons qu'un état individuel est, comme nous l'avons dit plus haut, un état qui comprend la forme parmi ses conditions déterminantes, de sorte que manifestation individuelle et manifestation formelle sont des expressions équivalentes.
2 Pour bien comprendre les termes empruntés à la perspective, il est nécessaire de se rappeler qu'un plan de front est un cas particulier d'un plan vertical, tandis qu'un plan horizontal, au contraire, est un cas particulier d'un plan de bout. Inversement, une droite verticale est un cas particulier d'une droite de front, et une droite de bout est un cas particulier d'une droite horizontale. Il faut remarquer aussi que, en tout point, il passe une seule droite verticale et une multitude indéfinie de droites horizontales, mais, par contre, un seul plan horizontal (contenant toutes les droites horizontales qui passent par ce même point) et une multitude indéfinie de plans verticaux (passant tous par la droite verticale, qui est leur commune intersection, et dont chacun est déterminé par cette droite verticale et une des droites horizontales passant par le point considéré).
3 Dans le plan horizontal, la direction de la première dimension est celle des droites de front (ou transversales), et la direction de la seconde est celle des droites de bout.

individu, ou plutôt pour parler d'une façon plus générale et susceptible de s'appliquer indistinctement à tous les degrés, un certain état d'un être, état qui peut être individuel ou non-individuel, suivant les conditions du degré de l'Existence auquel il appartient. Nous pouvons donc maintenant regarder un plan de front comme représentant un être dans sa totalité ; cet être comprend une multitude indéfinie d'états, qui sont alors figurés par toutes les droites horizontales de ce plan, dont les verticales, d'autre part, sont formées par les ensembles de modalités qui se correspondent respectivement dans tous ces états. D'ailleurs, il y a dans l'étendue à trois dimensions une indéfinité de tels plans, représentant l'indéfinité des êtres contenus dans l'Univers total.

Chapitre XII
REPRÉSENTATION GÉOMÉTRIQUE DES ÉTATS DE L'ÊTRE

Dans la représentation géométrique à trois dimensions que nous venons d'exposer, chaque modalité d'un état d'être quelconque n'est indiquée que par un point ; une telle modalité est cependant susceptible, elle aussi, de se développer dans le parcours d'un cycle de manifestation comportant une indéfinité de modifications secondaires. Ainsi, pour la modalité corporelle de l'individualité humaine, par exemple, ces modifications seront tous les moments de son existence (envisagée naturellement sous l'aspect de la succession temporelle, qui est une des conditions auxquelles cette modalité est soumise), ou, ce qui revient au même, tous les actes et tous les gestes, quels qu'ils soient, qu'elle accomplira au cours de cette existence [1]. Pour pouvoir faire entrer toutes ces modifications dans notre représentation, il faudrait figurer la modalité considérée, non plus seulement par un point, mais par une droite entière, dont chaque point serait alors une des modifications secondaires dont il s'agit, et cela en ayant bien soin de remarquer que cette droite,

---
[1] C'est à dessein que nous employons ici le mot « gestes », parce qu'il fait allusion à une théorie métaphysique très importante, mais qui ne rentre pas dans le cadre de la présente étude. On pourra avoir un aperçu sommaire de cette théorie en se reportant à ce que nous avons dit ailleurs au sujet de la notion de l'*apûrva* dans la doctrine hindoue et des « actions et réactions-concordantes » (*Introduction générale à l'étude des doctrines hindoues,* pp. 258-261).

quoique indéfinie, n'en est pas moins limitée, comme l'est d'ailleurs tout indéfini, et même, si l'on peut s'exprimer ainsi, toute puissance de l'indéfini [1]. D'indéfinité simple étant représentée par la ligne droite, la double indéfinité, ou l'indéfini à la seconde puissance, le sera par le plan, et la triple indéfinité, ou l'indéfini à la troisième puissance, par l'étendue à trois dimensions. Si donc chaque modalité, envisagée comme une indéfinité simple, est figurée par une droite, un état d'être, comportant une indéfinité de telles modalités, c'est-à-dire une double indéfinité, sera maintenant figuré, dans son intégralité, par un plan horizontal, et un être, dans sa totalité, le sera, avec l'indéfinité de ses états, par une étendue à trois dimensions. Cette nouvelle représentation est ainsi plus complète que la première, mais il est évident que nous ne pouvons, à moins de sortir de l'étendue à trois dimensions, y considérer qu'un seul être, et non plus, comme précédemment, l'ensemble de tous les êtres de l'Univers, puisque la considération de cet ensemble nous forcerait à introduire ici encore une autre indéfinité, qui serait alors du quatrième ordre, et qui ne pourrait être figurée géométriquement qu'en supposant une quatrième dimension supplémentaire ajoutée à l'étendue [2].

Dans cette nouvelle représentation, nous voyons tout d'abord que par chaque point de l'étendue considérée passent trois droites respectivement parallèles aux trois dimensions de cette étendue ; chaque point pourrait donc être pris comme sommet d'un trièdre trirectangle, constituant un système de coordonnées auquel toute l'étendue serait rapportée, et dont les trois axes formeraient une croix à trois dimensions. Supposons que l'axe vertical de ce système soit déterminé ; il rencontrera chaque plan horizontal en un point, qui sera l'origine des coordonnées rectangulaires auxquelles

---

1 L'indéfini, qui procède du fini, est toujours réductible à celui-ci, puisqu'il n'est qu'un développement des possibilités incluses ou impliquées dans le fini. C'est une vérité élémentaire, quoique trop souvent méconnue, que le prétendu « infini mathématique » (indéfinité quantitative, soit numérique, soit géométrique) n'est nullement infini, étant limité par les déterminations inhérentes à sa propre nature ; il serait d'ailleurs hors de propos de nous étendre ici sur ce sujet, dont nous aurons encore l'occasion de dire quelques mots plus loin.

2 Ce n'est pas ici le lieu de traiter cette question de la « quatrième dimension » de l'espace, qui a donné naissance à beaucoup de conceptions erronées ou fantaisistes, et qui trouverait plus naturellement sa place dans une étude sur les conditions de l'existence corporelle.

ce plan sera rapporté, coordonnées dont les deux axes formeront une croix à deux dimensions. On peut dire que ce point est le centre du plan, et que l'axe vertical est le lieu des centres de tous les plans horizontaux ; toute verticale, c'est-à-dire toute parallèle à cet axe, contient aussi des points qui se correspondent dans ces mêmes plans. Si, outre l'axe vertical, on détermine un plan horizontal particulier pour former la base du système de coordonnées, le trièdre trirectangle dont nous venons de parler sera entièrement déterminé aussi par là même. Il y aura une croix à deux dimensions, tracée par deux des trois axes, dans chacun des trois plans de coordonnées, dont l'un est le plan horizontal considéré, et dont les deux autres sont deux plans orthogonaux passant chacun par l'axe vertical et par un des deux axes horizontaux ; et ces trois croix auront pour centre commun le sommet du trièdre, qui est le centre de la croix à trois dimensions, et que l'on peut considérer aussi comme le centre de toute l'étendue. Chaque point pourrait être centre, et on peut dire qu'il l'est en puissance ; mais, en fait, il faut qu'un point particulier soit déterminé, et nous dirons comment par la suite, pour qu'on puisse effectivement tracer la croix, c'est-à-dire mesurer l'étendue tout entière, ou, analogiquement, réaliser la compréhension totale de l'être.

Chapitre XIII
RAPPORTS DES DEUX REPRÉSENTATIONS PRÉCÉDENTES

Dans notre seconde représentation à trois dimensions, où nous avons considéré seulement un être dans sa totalité, la direction horizontale suivant laquelle se développent les modalités de tous les états de cet être implique, ainsi que les plans verticaux qui lui sont parallèles, une idée de succession logique, tandis que les plans verticaux qui lui sont perpendiculaires correspondent, corrélativement, à l'idée de simultanéité logique [1]. Si l'on projette toute l'étendue sur celui des trois plans de coordonnées qui est dans ce

---

[1] Il est bien entendu que les idées de succession et de simultanéité ne doivent être envisagées ici qu'au point de vue purement logique, et non chronologique, puisque le temps n'est qu'une condition spéciale, nous ne dirons même pas de l'état humain tout entier, mais de certaines modalités de cet état.

dernier cas, chaque modalité de chaque état d'être se projettera suivant un point d'une droite horizontale, dont l'ensemble sera la projection de l'intégralité d'un certain état d'être, et, en particulier, l'état dont le centre coïncide avec celui de l'être total sera figuré par l'axe horizontal situé dans le plan sur lequel se fait la projection. Nous sommes ainsi ramené à notre première représentation, celle où l'être est situé tout entier dans un plan vertical ; un plan horizontal pourra alors de nouveau être un degré de l'Existence universelle, et l'établissement de cette correspondance entre les deux représentations, en nous permettant de passer facilement de l'une à l'autre, nous dispense de sortir de l'étendue à trois dimensions.

Chaque plan horizontal, quand il représente un degré de l'Existence universelle, comprend tout le développement d'une possibilité particulière, dont la manifestation constitue, dans son ensemble, ce qu'on peut appeler un « macrocosme », c'est-à-dire un monde, tandis que, dans l'autre représentation, qui ne se rapporte qu'à un seul être, il est seulement le développement de la même possibilité dans cet être, ce qui constitue un état de celui-ci, individualité intégrale ou état non-individuel, que l'on peut, dans tous les cas, appeler analogiquement un « microcosme ». D'ailleurs, il importe de remarquer que le « macrocosme » lui-même, comme le « microcosme », n'est lorsqu'on l'envisage isolément, qu'un des éléments de l'Univers, comme chaque possibilité particulière n'est qu'un élément de la Possibilité totale.

Celle des deux représentations qui se rapporte à l'Univers peut être appelée, pour simplifier le langage, la représentation « macrocosmique », et celle qui se rapporte à un être, la représentation « microcosmique ». Nous avons vu comment, dans cette dernière, est tracé la croix à trois dimensions ; il en sera de même dans la représentation « macrocosmique », si l'on y détermine les éléments correspondants, c'est-à-dire un axe vertical, qui sera l'axe de l'Univers, et un plan horizontal, qu'on pourra désigner, par analogie, comme son équateur ; et nous devons encore faire remarquer que chaque « macrocosme » a ici son centre sur l'axe vertical, comme l'avait chaque « microcosme » dans l'autre représentation.

On voit, par ce qui vient d'être exposé, l'analogie qui existe entre le « macrocosme » et le « microcosme », chaque partie de l'Univers étant analogue aux autres parties, et ses propres parties lui étant analogues aussi, parce que toutes sont analogues à l'Univers total, ainsi que nous l'avons déjà dit précédemment. Il en résulte que, si nous considérons le « macrocosme », chacun des domaines définis qu'il comprend lui est analogue ; de même, si nous considérons le « microcosme », chacune de ses modalités lui est aussi analogue. C'est ainsi que, en particulier, la modalité corporelle de l'individualité humaine peut être prise pour symboliser, dans ses diverses parties, cette même individualité envisagée intégralement [1] ; mais nous nous contenterons de signaler ce point en passant, car nous pensons qu'il serait peu utile de nous étendre ici sur les considérations de ce genre, qui n'ont à notre point de vue qu'une importance tout à fait secondaire, et qui, d'ailleurs, sous la forme où elles sont présentées le plus habituellement, ne répondent qu'à une vue assez sommaire et plutôt superficielle de la constitution de l'être humain [2]. En tout cas, lorsqu'on veut entrer dans de semblables considérations, et alors même qu'on se contente d'établir des divisions très générales dans l'individualité, on ne devrait jamais oublier que celle-ci comporte en réalité une multitude indéfinie de modalités coexistantes, de même que l'organisme corporel lui-même se compose d'une multitude indéfinie de cellules, dont chacune aussi a son existence propre.

Chapitre XIV
LE SYMBOLISME DU TISSAGE

Il est un symbolisme qui se rapporte directement à ce que nous venons d'exposer, bien qu'il en soit fait parfois une application qui peut, à première vue, sembler s'en écarter quelque peu : dans les doctrines orientales, les livres traditionnels sont fréquemment désignés par des termes qui, dans leur sens littéral, se rapportent au tissage. Ainsi, en sanscrit, *sûtra* signifie proprement « fil » [3] : un

---

1 Voir *L'Homme et son devenir selon le Vêdânta,* chap. XII, 3ᵉ éd.
2 On peut en dire à peu près autant des comparaisons de la société humaine à un organisme, qui, ainsi que nous l'avons fait remarquer ailleurs à propos de l'institution des castes, renferment assurément une part de vérité, mais dont beaucoup de sociologues ont fait un usage immodéré, et parfois fort peu judicieux (voir *Introduction générale à l'étude des doctrines hindoues,* p. 203).
3 Ce mot est identique au latin *sutura,* la même racine, avec le sens de « coudre », se trouvant également dans les deux langues. — Il est au moins curieux de constater

livre peut être formé par un ensemble de *sûtras*, comme un tissu est formé par un assemblage de fils ; *tantra* a aussi le sens de « fil » et celui de « tissu » et désigne plus spécialement la « chaîne » d'un tissu [1]. De même, en chinois, *king* est la « chaîne » d'une étoffe, et *wei* est sa « trame » ; le premier de ces deux mots désigne en même temps un livre fondamental, et le second désigne ses commentaires [2]. Cette distinction de la « chaîne » et de la « trame » dans l'ensemble des écritures traditionnelles correspond, suivant la terminologie hindoue, à celle de la *Shruti*, qui est le fruit de l'inspiration directe, et de la *Smriti*, qui est le produit de la réflexion s'exerçant sur les données de la *Shruti* [3].

Pour bien comprendre la signification de ce symbolisme, il faut remarquer tout d'abord que la chaîne, formée de fils tendus sur le métier, représente l'élément immuable et principiel, tandis que les fils de la trame, passant entre ceux de la chaîne par le va-et-vient de la navette, représentent l'élément variable et contingent, c'est-à-dire les applications du principe à telles ou telles conditions particulières. D'autre part, si l'on considère un fil de la chaîne et un fil de la trame, on s'aperçoit immédiatement que leur réunion forme la croix, dont ils sont respectivement la ligne verticale et la ligne horizontale ; et tout point du tissu, étant ainsi le point de rencontre de deux fils perpendiculaires entre eux, est par là même le centre d'une telle croix. Or, suivant ce que nous avons vu quant au symbolisme général de la croix, la ligne verticale représente ce qui unit entre eux tous les états d'un être ou tous les degrés de

---

que le mot arabe *sûrat*, qui désigne les chapitres du *Qorân*, est composé exactement des mêmes éléments que le sanscrit *sûtura* ; ce mot a, d'ailleurs, le sens voisin de « rang » ou « rangée », et sa dérivation est inconnue.
1 La racine *tan* de ce mot exprime en premier l'idée d'extension.
2 Au symbolisme du tissage se rattache aussi l'usage des cordelettes nouées, qui tenaient lieu d'écriture en Chine à une époque fort reculée ; ces cordelettes étaient du même genre que celles que les anciens Péruviens employaient également et auxquelles ils donnaient le nom de *quipos*. Bien qu'on ait parfois prétendu que ces dernières ne servaient qu'à compter, il paraît bien qu'elles exprimaient aussi des idées beaucoup plus complexes, d'autant plus qu'il est dit qu'elles constituaient les « annales de l'empire », et que, d'ailleurs, les Péruviens n'ont jamais eu aucun autre procédé d'écriture, alors qu'ils possédaient une langue très parfaite et très raffinée ; cette sorte d'idéographie était rendue possible par de multiples combinaisons dans lesquelles l'emploi de fils de couleurs différentes jouait un rôle important.
3 Voir *L'Homme et son devenir selon le Vêdânta*, chap. Ier, et aussi *Autorité spirituelle et pouvoir temporel*, chap. VIII.

l'Existence, en reliant leurs points correspondants, tandis que la ligne horizontale représente le développement d'un de ces états ou de ces degrés. Si l'on rapporte ceci à ce que nous indiquions tout à l'heure, on peut dire, comme nous l'avons fait précédemment, que le sens horizontal figurera par exemple l'état humain, et le sens vertical ce qui est transcendant par rapport à cet état ; ce caractère transcendant est bien celui de la *Shruti*, qui est essentiellement « non-humaine », tandis que la *Smriti* comporte les applications à l'ordre humain et est le produit de l'exercice des facultés spécifiquement humaines.

Nous pouvons ajouter ici une autre remarque qui fera encore ressortir la concordance de divers symbolismes, plus étroitement liés entre eux qu'on ne pourrait le supposer tout d'abord : nous voulons parler de l'aspect sous lequel la croix symbolise l'union des complémentaires. Nous avons vu que, sous cet aspect, la ligne verticale représente le principe actif ou masculin (*Purusha*), et la ligne horizontale le principe passif ou féminin (*Prakriti*), toute manifestation étant produite par l'influence « non-agissante » du premier sur le second. Or, d'un autre côté, la *Shruti* est assimilée à la lumière directe, figurée par le soleil, et la *Smriti* à la lumière réfléchie [1], figurée par la lune ; mais, en même temps, le soleil et la lune, dans presque toutes les traditions, symbolisent aussi respectivement le principe masculin et le principe féminin de la manifestation universelle.

Le symbolisme du tissage n'est pas appliqué seulement aux écritures traditionnelles ; il est employé aussi pour représenter le monde, ou plus exactement l'ensemble de tous les mondes, c'est-à-dire des états ou des degrés, en multitude indéfinie, qui constituent l'Existence universelle. Ainsi, dans les *Upanishads*, le Suprême *Brahma* est désigné comme « Ce sur quoi les mondes sont tissés, comme chaîne et trame », ou par d'autres formules similaires [2] ; la chaîne et la trame ont naturellement, ici encore, les mêmes significations respectives que nous venons de définir. D'autre part, d'après la doctrine taoïste, tous les êtres sont soumis à l'alternance

---

1 Le double sens du mot « réflexion » est ici très digne de remarque.
2 *Mundaka Upanishad*, 2ᵉ Mundaka, Khanda, shruti 5ᵉ ; *Brihad-Aranyaka Upanishad*, 3ᵉ Adhyâya, 8ᵉ Brâhmana, shrutis 7 et 8. — Le moine bouddhiste Kumâra-jîva traduisit en chinois un ouvrage sanscrit intitulé *Le Filet de Brahma* (*Fan-wang-king*), d'après lequel les mondes sont disposés comme les mailles d'un filet.

continuelle des deux états de vie et de mort (condensation et dissipation, vicissitudes du *yang* et du *yin*) [1] ; et les commentateurs appellent cette alternance « le va-et-vient de la navette sur le métier à tisser cosmique [2] ».

D'ailleurs, en réalité, il y a d'autant plus de rapport entre ces deux applications d'un même symbolisme que l'Univers lui-même, dans certaines traditions, est parfois symbolisé par un livre : nous rappellerons seulement à ce propos, le *Liber Mundi* des Rose-Croix, et aussi le symbole bien connu du *Liber Vitae* apocalyptique [3]. À ce point de vue encore, les fils de la chaîne, par lesquels sont reliés les points correspondants dans tous les états constituent le Livre sacré par excellence, qui est le prototype (ou plutôt l'archétype) de toutes les écritures traditionnelles, et dont celles-ci ne sont que des expressions en langage humain [4] ; les fils de la trame, dont chacun est le déroulement des événements dans un certain état, en constituent le commentaire, en ce sens qu'ils donnent les applications relatives aux différents états ; tous les événements, envisagés dans la simultanéité de l'« intemporel », sont ainsi inscrits dans ce Livre, dont chacun est pour ainsi dire un caractère, s'identifiant d'autre part à un point du tissu. Sur ce symbolisme du livre, nous citerons, aussi un résumé de l'enseignement de Mohyiddin ibn Arabi :

---

1 *Tao-te-king*, XVI.
2 Tchang-houng-yang compare aussi cette alternance à la respiration, l'inspiration active répondant à la vie, l'expiration passive répondant à la mort, la fin de l'une étant d'ailleurs le commencement de l'autre. Le même commentateur se sert encore, comme terme de comparaison, de la révolution lunaire, la pleine lune étant la vie, la nouvelle lune étant la mort, avec deux périodes intermédiaires de croissance et de décroissance. En ce qui concerne la respiration, ce qui est dit ici doit être rapporté aux phases de l'existence d'un être comparé à celui-là même qui respire ; d'autre part, dans l'ordre universel, l'expiration correspond au développement de la manifestation, et l'inspiration au retour au non-manifesté, ainsi qu'il a été dit plus haut ; selon qu'on envisage les choses par rapport à la manifestation ou par rapport au Principe, il ne faut pas oublier de faire l'application du « sens inverse » dans l'analogie.
3 Nous avons indiqué plus haut que, dans certaines figurations, le livre scellé de sept sceaux, et sur lequel est couché l'agneau, est placé, comme l'« Arbre de Vie », à la source commune des quatre fleuves paradisiaques, et nous avons alors fait allusion à un rapport entre le symbolisme de l'arbre et celui du livre : les feuilles de l'arbre et les caractères du livre représentent pareillement tous les êtres de l'Univers (les « dix mille êtres » de la tradition extrême-orientale).
4 Ceci est affirmé expressément du *Vêda* et du *Qorân* ; l'idée de l'« Evangile éternel » montre aussi que cette même conception n'est pas entièrement étrangère au Christianisme.

« L'Univers est un immense livre ; les caractères de ce livre sont tous écrits, en principe, de la même encre et transcrits à la Table éternelle par la plume divine ; tous sont transcrits simultanément et indivisibles ; c'est pourquoi les phénomènes essentiels divins cachés dans le « secret des secrets » prirent le nom de « lettres transcendantes ». Et ces mêmes lettres transcendantes, c'est-à-dire toutes les créatures, après avoir été condensées virtuellement dans l'omniscience divine, sont, par le souffle divin, descendues aux lignes inférieures, et ont composé et formé l'Univers manifesté [1]. »

Une autre forme du symbolisme du tissage, qui se rencontre aussi dans la tradition hindoue, est l'image de l'araignée tissant sa toile, image qui est d'autant plus exacte que l'araignée forme cette toile de sa propre substance [2]. En raison de la forme circulaire de la toile, qui est d'ailleurs le schéma plan du sphéroïde cosmogonique, c'est-à-dire de la sphère non fermée à laquelle nous avons déjà fait allusion, la chaîne est représentée ici par les fils rayonnant autour du centre, et la trame par les fils disposés en circonférences concentriques [3]. Pour revenir de là à la figure ordinaire du tissage, il n'y a qu'à considérer le centre comme indéfiniment éloigné, de telle sorte que les rayons deviennent parallèles, suivant la direction verticale, tandis que les circonférences concentriques deviennent des droites perpendiculaires à ces rayons, c'est-à-dire horizontales.

En résumé, on peut dire que la chaîne, ce sont les principes qui relient entre eux tous les mondes ou tous les états, chacun de ses fils reliant des points correspondants dans ces différents états, et que la trame, ce sont les ensembles d'événements qui se produisent dans chacun des mondes, de sorte que chaque fil de cette trame est, comme nous l'avons déjà dit, le déroulement des événements dans un monde déterminé. À un autre point de vue, on peut dire encore que la manifestation d'un être dans un certain état d'existence est, comme tout événement quel qu'il soit, déterminé par la rencontre d'un fil de la chaîne avec un fil de la trame. Chaque fil de la chaîne est alors un être envisagé dans sa nature essentielle,

---

1 *El-Futûhâtul-Mekkiyah*. — On pourra faire un rapprochement avec le rôle que jouent également les lettres dans la doctrine cosmogonique du *Sepher Ietsirah*.
2 Commentaire de Shankarâchârya sur les *Brahma-Sûtras*, 2ᵉ Adhyâya, 1ᵉʳ Pâda, sûtra 25.
3 L'araignée, se tenant au centre de sa toile, donne l'image du soleil entouré de ses rayons ; elle peut ainsi être prise comme une figure du « Cœur du Monde ».

qui, en tant que projection directe du « Soi » principiel, fait le lien de tous ses états, maintenant son unité propre à travers leur indéfinie multiplicité. Dans ce cas, le fil de la trame que ce fil de la chaîne rencontre en un certain point correspond à un état défini d'existence, et leur intersection détermine les relations de cet être, quant à sa manifestation dans cet état, avec le milieu cosmique dans lequel il se situe sous ce rapport. La nature individuelle d'un être humain, par exemple, est la résultante de la rencontre de ces deux fils ; en d'autres termes, il y aura toujours lieu d'y distinguer deux sortes d'éléments, qui devront être rapportés respectivement au sens vertical et au sens horizontal : les premiers expriment ce qui appartient en propre à l'être considéré, tandis que les seconds proviennent des conditions du milieu.

Ajoutons que les fils dont est formé le « tissu du monde » sont encore désignés, dans un autre symbolisme équivalent, comme les « cheveux de *Shiva* » [1] ; on pourrait dire que ce sont en quelque sorte les « lignes de force » de l'Univers manifesté, et que les directions de l'espace sont leur représentation dans l'ordre corporel. On voit sans peine de combien d'applications diverses toutes ces considérations sont susceptibles ; mais nous n'avons voulu ici qu'indiquer la signification essentielle de ce symbolisme du tissage, qui est, semble-t-il, fort peu connu en Occident [2].

Chapitre XV
REPRÉSENTATION DE LA CONTINUITÉ

[1] Nous y avons fait allusion plus haut, au sujet des directions de l'espace.
[2] On trouve cependant des traces d'un symbolisme du même genre dans l'antiquité gréco-latine, notamment dans le mythe des Parques ; mais celui-ci semble bien ne se rapporter qu'aux fils de la trame, et son caractère « fatal » peut en effet s'expliquer par l'absence de la notion de la chaîne, c'est-à-dire par le fait que l'être est envisagé seulement dans son état individuel, sans aucune intervention consciente (pour cet individu) de son principe personnel transcendant. Cette interprétation est, d'ailleurs, justifiée par la façon dont Platon considère l'axe vertical dans le mythe d'Er l'Arménien (*République*, livre X) : suivant lui, en effet, l'axe lumineux du monde est le « fuseau de la Nécessité » ; c'est un axe de diamant, entouré de plusieurs gaines concentriques, de dimensions et de couleurs diverses, qui correspondent aux différentes sphères planétaires ; la Parque Clotho le fait tourner de la main droite, donc de droite à gauche, ce qui est aussi le sens le plus habituel et le plus normal de la rotation du *swastika*. — À propos de cet « axe de diamant », signalons que le symbole thibétain du *vajra*, dont le nom signifie à la fois « foudre » et « diamant », est aussi en rapport avec l'« Axe du Monde ».

DES DIFFÉRENTES MODALITÉS
D'UN MÊME ÉTAT D'ÊTRE

Si nous considérons un état d'être, figuré par un plan horizontal de la représentation « microcosmique » que nous avons décrite, il nous reste maintenant à dire d'une façon plus précise à quoi correspond le centre de ce plan, ainsi que l'axe vertical qui passe par ce centre. Mais, pour en arriver là, il nous faudra avoir encore recours à une autre représentation géométrique, un peu différente de la précédente, et dans laquelle nous ferons intervenir, non plus seulement, comme nous l'avons fait jusqu'ici, le parallélisme ou la correspondance, mais encore la continuité de toutes les modalités de chaque état d'être entre elles, et aussi de tous les états entre eux, dans la constitution de l'être total.

Pour cela, nous sommes naturellement amenés à faire subir à notre figuration un changement qui correspond à ce qu'est, en géométrie analytique, le passage d'un système de coordonnées rectilignes à un système de coordonnées polaires. En effet, au lieu de représenter les différentes modalités d'un même état par des droites parallèles, comme nous l'avons fait précédemment, nous pouvons les représenter par des circonférences concentriques tracées dans le même plan horizontal, et ayant pour centre commun le centre même de ce plan, c'est-à-dire, selon ce que nous avons expliqué plus haut, son point de rencontre avec l'axe vertical.

De cette façon, on voit bien que chaque modalité est finie, limitée, puisqu'elle est figurée par une circonférence, qui est une courbe fermée, ou tout au moins une ligne dont les extrémités nous sont connues et comme données [1] ; mais, d'autre part, cette circonférence, comprend une multitude indéfinie de points [2], représentant

---
1 Cette restriction est nécessaire pour que ceci ne soit pas en contradiction, même simplement apparente, avec ce qui va suivre.
2 Il importe de remarquer que nous ne disons pas un nombre indéfini, mais une multitude indéfinie, parce qu'il est possible que l'indéfinité dont il s'agit dépasse tout nombre, bien que la série des nombres soit elle-même indéfinie, mais en mode discontinu, tandis que celle des points d'une ligne l'est en mode continu. Le terme de « multitude » est plus étendu et plus compréhensif que celui du « multiplicité numérique », et il peut même s'appliquer en dehors du domaine de la quantité, dont le nombre n'est qu'un mode spécial ; c'est ce qu'avaient bien compris les philosophes scolastiques, qui transposaient cette notion de « multitude » dans l'ordre des

Chapitre XV

l'indéfinité des modifications secondaires que comporte la modalité considérée, quelle qu'elle soit [1]. De plus les circonférences concentriques doivent ne laisser entre elles aucun intervalle, si ce n'est la distance infinitésimale de deux points immédiatement voisins (nous reviendrons un peu plus loin sur cette question), de sorte que leur ensemble comprenne tous les points du plan, ce qui suppose qu'il y a continuité entre toutes ces circonférences. Or, pour qu'il y ait vraiment continuité, il faut que la fin de chaque circonférence coïncide avec le commencement de la circonférence suivante (et non avec celui de la même circonférence) ; et, pour que ceci soit possible sans que les deux circonférences successives soient confondues, il faut que ces circonférences, ou plutôt les courbes que nous avons considérées comme telles, soient en réalité des courbes non fermées.

D'ailleurs, nous pouvons aller plus loin dans ce sens : il est matériellement impossible de tracer d'une façon effective une ligne qui soit vraiment une courbe fermée ; pour le prouver, il suffit de remarquer que, dans l'espace où est située notre modalité corporelle, tout est constamment en mouvement (par l'effet de la combinaison des conditions spatiale et temporelle, dont le mouvement est en quelque sorte une résultante), de telle façon que, si nous voulons tracer une circonférence, et si nous commençons ce tracé en un

« transcendantaux », c'est-à-dire des modes universels de l'Être, où elle est à celle de la multiplicité numérique dans le même rapport analogique que la conception de l'Unité métaphysique à celle de l'unité arithmétique ou quantitative. Il doit être bien entendu que c'est de cette multiplicité « transcendantale » qu'il s'agit quand nous parlons des états multiples de l'être, la quantité n'étant qu'une condition particulière applicable seulement à certains de ces états.

1 La longueur d'une circonférence étant d'autant plus grande que cette circonférence est plus éloignée du centre, il semble à première vue qu'elle doit contenir d'autant plus de points ; mais, d'autre part, si l'on remarque que chaque point d'une circonférence est l'extrémité d'un de ses rayons, et que deux circonférences concentriques ont les mêmes rayons, on doit en conclure qu'il n'y a pas plus de points dans la plus grande que dans la plus petite. La solution de cette apparente difficulté se trouve dans ce que nous avons indiqué dans la note précédente : c'est qu'il n'y a pas en réalité un nombre des points d'une ligne, que ces points ne peuvent proprement être « nombres », leur multitude étant au-delà du nombre. En outre, s'il y a toujours autant de points (s'il est possible d'employer cette façon de parler dans ces conditions) dans une circonférence qui diminue en se rapprochant de son centre, comme cette circonférence, à la limite, se réduit au centre lui-même, celui-ci, quoique n'étant qu'un seul point, doit contenir alors tous les points de la circonférence, ce qui revient à dire que toutes choses sont contenues dans l'unité.

certain point de l'espace, nous nous trouverons forcément en un autre point lorsque nous l'achèverons, et nous ne repasserons jamais par le point de départ. De même, la courbe qui symbolise le parcours d'un cycle évolutif quelconque [1] ne devra jamais passer deux fois par un même point, ce qui revient à dire qu'elle ne doit pas être une courbe fermée (ni une courbe contenant des « points multiples »). Cette représentation montre qu'il ne peut pas y avoir deux possibilités identiques dans l'Univers, ce qui reviendrait d'ailleurs à une limitation de la Possibilité totale, limitation impossible, puisque, devant comprendre la Possibilité, elle ne pourrait y être comprise. Aussi toute limitation de la Possibilité universelle est-elle, au sens propre et rigoureux du mot, une impossibilité ; et c'est par là que tous les systèmes philosophiques, en tant que systèmes, postulant explicitement ou implicitement de telles limitations, sont condamnés à une égale impuissance du point de vue métaphysique [2]. Pour ne revenir aux possibilités identiques ou supposées telles, nous ferons encore remarquer, pour plus de précision, que deux possibilités qui seraient véritablement identiques ne différeraient par aucune de leurs conditions de réalisation ; mais, si toutes les conditions sont les mêmes, c'est aussi la même possibilité, et non pas deux possibilités distinctes, puisqu'il y a alors coïncidence sous tous les rapports [3] ; et ce raisonnement peut s'appliquer rigoureusement à tous les points de notre représentation, chacun de ces points figurant une modification particulière qui réalise une certaine possibilité déterminée [4].

---

[1] Par « cycle évolutif », nous entendons simplement, suivant la signification originelle du mot, le processus de développement des possibilités comprises dans un mode quelconque d'existence, sans que ce processus implique quoi que ce soit qui puisse avoir le moindre rapport avec une théorie « évolutionniste » (cf. *L'Homme et son devenir selon le Védânta*, chap. XVIII, 3ᵉ éd.) ; nous avons d'ailleurs dit assez souvent ce qu'il fallait penser des théories de ce genre pour qu'il soit inutile d'y insister ici.

[2] Il est facile de voir, en outre, que ceci exclut toutes les théories plus ou moins « réincarnationnistes » qui ont vu le jour dans l'Occident moderne, au même titre que le fameux « retour éternel » de Nietzsche et autres conceptions similaires ; nous avons d'ailleurs longuement développé ces considérations dans *L'Erreur spirite*, 2ᵉ partie, chap. VI.

[3] C'est là un point que Leibnitz paraît avoir assez bien vu en posant son « principe des indiscernables », quoiqu'il ne l'ait peut-être pas formulé aussi nettement (cf. *Autorité spirituelle et pouvoir temporel*, chap. VII).

[4] Nous entendons ici le terme « possibilité » dans son acception la plus restreinte et

Le commencement et la fin de l'une quelconque des circonférences que nous avons à considérer ne sont donc pas le même point, mais deux points consécutifs d'un même rayon, et, en réalité, on ne peut même pas dire qu'ils appartiennent à la même circonférence : l'un appartient encore à la circonférence précédente, dont il est la fin, et l'autre appartient déjà à la circonférence suivante, dont il est le commencement. Les termes extrêmes d'une série indéfinie peuvent être regardés comme situés en dehors de cette série, par là même qu'ils établissent sa continuité avec d'autres séries : et tout ceci peut s'appliquer, en particulier, à la naissance et à la mort de la modalité corporelle de l'individualité humaine. Ainsi, les deux modifications extrêmes de chaque modalité ne coïncident pas, mais il y a simplement correspondance entre elles dans l'ensemble de l'état d'être dont cette modalité fait partie, cette correspondance étant indiquée par la situation de leurs points représentatifs sur un même rayon issu du centre du plan. Par suite, le même rayon contiendra les modifications extrêmes de toutes les modalités de l'état considéré, modalités qui ne doivent d'ailleurs pas être regardées comme successives à proprement parler (car elles peuvent tout aussi bien être simultanées), mais seulement comme s'enchaînant logiquement. Les courbes qui figurent ces modalités, au lieu d'être des circonférences comme nous l'avions supposé tout d'abord, sont les spires successives d'une spirale indéfinie tracée dans le plan horizontal et se développant à partir de son centre ; cette courbe va en s'amplifiant d'une façon continue d'une spire à l'autre, le rayon variant alors d'une quantité infinitésimale, qui est la distance de deux points consécutifs de ce rayon. Cette distance peut être supposée aussi petite qu'on le veut, suivant la définition même des quantités infinitésimales, qui sont des quantités susceptibles de décroître indéfiniment ; mais elle ne peut jamais être considérée comme nulle, puisque les deux points consécutifs ne sont pas confondus ; si elle pouvait devenir nulle, il n'y aurait plus qu'un seul et même point.

---

la plus spécialisée : il s'agit, non pas même d'une possibilité particulière susceptible d'un développement indéfini, mais seulement de l'un quelconque des éléments que comporte un tel développement.

Chapitre XVI
RAPPORTS DU POINT ET DE L'ÉTENDUE

La question que soulève la dernière remarque que nous venons de faire mérite que nous nous y arrêtions quelque peu, sans toutefois traiter ici les considérations relatives à l'étendue avec tous les développements que comporterait ce sujet, qui rentre proprement dans l'étude des conditions de l'existence corporelle. Ce que nous voulons signaler surtout, c'est que la distance de deux points immédiatement voisins, que nous avons été amené à envisager en raison de l'introduction de la continuité dans la représentation géométrique de l'être, peut être regardée comme la limite de l'étendue dans le sens des quantités indéfiniment décroissantes ; en d'autres termes, elle est la plus petite étendue possible, ce après quoi il n'y a plus d'étendue, c'est-à-dire plus de condition spatiale, et on ne pourrait la supprimer sans sortir du domaine d'existence qui est soumis à cette condition. Donc, lorsqu'on divise l'étendue indéfiniment [1], et lorsqu'on pousse cette division aussi loin qu'il est possible, c'est-à-dire jusqu'aux limites de la possibilité spatiale par laquelle la divisibilité est conditionnée (et qui est d'ailleurs indéfinie dans le sens décroissant comme dans le sens croissant), ce n'est pas au point qu'on aboutit comme résultat ultime, mais bien à la distance élémentaire entre deux points. Il résulte de là que, pour qu'il y ait étendue ou condition spatiale, il faut qu'il y ait déjà deux points, et l'étendue (à une dimension) qui est réalisée par leur présence simultanée, et qui est précisément leur distance, constitue un troisième élément qui exprime la relation existant entre ces deux points les unissant et les séparant à la fois. D'ailleurs, cette distance, en tant qu'on la considère comme une relation, n'est évidemment pas composée de parties, car les parties en lesquelles elle pourrait être résolue, si elle le pouvait, ne seraient que d'autres relations de distance, dont elle est logiquement indépendante, comme, au

---

[1] Nous disons « indéfiniment », mais non « à l'infini », ce qui serait une absurdité, la divisibilité étant nécessairement un attribut propre à un domaine limité, puisque la condition spatiale, dont elle dépend, est elle-même essentiellement limitée ; il faut donc qu'il y ait une limite à la divisibilité, comme à toute relativité ou détermination quelconque, et nous pouvons avoir la certitude que cette limite existe, alors même qu'elle ne nous est pas actuellement accessible.

point de vue numérique, l'unité est indépendante des fractions [1]. Ceci est vrai pour une distance quelconque, lorsqu'on ne l'envisage que par rapport aux deux points qui sont ses extrémités, et l'est *a fortiori* pour une distance infinitésimale, qui n'est nullement une quantité définie, mais qui exprime seulement une relation spatiale entre deux points immédiatement voisins, tels que deux points consécutifs d'une ligne quelconque. D'autre part, les points eux-mêmes, considérés comme extrémités d'une distance, ne sont pas des parties du continu spatial, bien que la relation de distance suppose qu'ils sont envisagés comme situés dans l'espace ; c'est donc, en réalité, la distance qui est le véritable élément spatial.

Par conséquent, on ne peut pas dire, en toute rigueur, que la ligne soit formée de points, et cela se comprend aisément, car, chacun des points étant sans étendue, leur simple addition, même s'ils sont en multitude indéfinie, ne peut jamais former une étendue ; la ligne est en réalité constituée par les distances élémentaires entre ses points consécutifs. De la même façon, et pour une raison semblable, si nous considérons dans un plan une indéfinité de droites parallèles, nous ne pouvons pas dire que le plan est constitué par la réunion de toutes ces droites, ou que celles-ci sont les véritables éléments constitutifs du plan ; les véritables éléments sont les distances de ces droites, distances par lesquelles elles sont des droites distinctes et non confondues, et, si les droites forment le plan en un certain sens, ce n'est pas par elles-mêmes, mais bien par leurs distances, comme il en est pour les points par rapport à chaque droite. De même encore, l'étendue à trois dimensions n'est pas composée d'une indéfinité de plans parallèles, mais des distances entre tous ces plans.

Cependant, l'élément primordial, celui qui existe par lui-même, c'est le point, puisqu'il est présupposé par la distance et que celle-ci n'est qu'une relation ; l'étendue elle-même présuppose donc le point. On peut dire que celui-ci contient en soi une virtualité d'étendue, qu'il ne peut développer qu'en se dédoublant d'abord,

---

[1] Les fractions ne peuvent donc pas être, à proprement parler, des « parties de l'unité », car l'unité véritable est évidemment sans parties ; cette définition fautive qu'on donne souvent des fractions implique une confusion entre l'unité numérique, qui est essentiellement indivisible, et les « unités de mesure », qui ne sont des unités que d'une façon toute relative et conventionnelle, et qui, étant de la nature des grandeurs continues, sont nécessairement divisibles et composées de parties.

pour se poser en quelque façon en face de lui-même, puis en se multipliant (ou mieux en se sous-multipliant) indéfiniment, de telle sorte que l'étendue manifestée procède tout entière de sa différenciation, ou, pour parler plus exactement, de lui-même en tant qu'il se différencie. Cette différenciation n'a d'ailleurs de réalité qu'au point de vue de la manifestation spatiale ; elle est illusoire au regard du point principal lui-même, qui ne cesse pas par là d'être en soi tel qu'il était, et dont l'unité essentielle ne saurait en être aucunement affectée [1]. Le point, considéré en soi, n'est aucunement soumis à la condition spatiale, puisque, au contraire, il en est le principe : c'est lui qui réalise l'espace, qui produit l'étendue par son acte, lequel, dans la condition temporelle (mais dans celle-là seulement), se traduit par le mouvement ; mais, pour réaliser ainsi l'espace, il faut que, par quelqu'une de ses modalités, il se situe lui-même dans cet espace, qui d'ailleurs n'est rien sans lui, et qu'il remplira tout entier du déploiement de ses propres virtualités [2]. Il peut, successivement dans la condition temporelle, ou simultanément hors de cette condition (ce qui, disons-le en passant, nous ferait sortir de l'espace ordinaire à trois dimensions) [3], s'identifier, pour les réaliser, à tous les points potentiels de cette étendue, celle-ci étant alors envisagée seulement comme une pure puissance d'être, qui n'est autre que la virtualité totale du point conçue sous son aspect passif, ou comme potentialité, le lieu ou le contenant de toutes les manifestations de son activité, contenant qui actuellement n'est rien, si ce n'est pas l'effectuation de son contenu possible [4].

---

1 Si la manifestation spatiale disparaît, tous les points situés dans l'espace se résorbent dans le point principiel unique, puisqu'il n'y a plus entre eux aucune distance.

2 Leibnitz a distingué avec raison ce qu'il appelle les « points métaphysiques », qui sont pour lui les véritables « unités de substance », et qui sont indépendants de l'espace, et les « points mathématiques », qui ne sont que de simples modalités des précédents, en tant qu'ils en sont des déterminations spatiales, constituant leurs « points de vue » respectifs pour représenter ou exprimer l'Univers. Pour Leibnitz aussi, c'est ce qui est situé dans l'espace qui fait toute la réalité actuelle de l'espace lui-même ; mais il est évident qu'on ne saurait rapporter à l'espace, comme il le fait, tout ce qui constitue, en chaque être, l'expression de l'Univers total.

3 La transmutation de la succession en simultanéité, dans l'intégration de l'état humain, implique en quelque sorte une « spatialisation » du temps, qui peut se traduire par l'adjonction d'une quatrième dimension.

4 Il est facile de se rendre compte que le rapport du point principiel à l'étendue virtuelle, ou plutôt potentielle, est analogue à celui de l'« essence » à la « substance », ces

Chapitre XVI

Le point primordial, étant sans dimensions, est aussi sans forme ; il n'est donc par de l'ordre des existences individuelles ; il ne s'individualise en quelque façon que lorsqu'il se situe dans l'espace, et cela non pas en lui-même, mais seulement par quelqu'une de ses modalités, de sorte que, à vrai dire, ce sont celles-ci qui sont proprement individualisées, et non le point principiel. D'ailleurs, pour qu'il y ait forme, il faut qu'il y ait déjà différenciation, donc multiplicité réalisée dans une certaine mesure, ce qui n'est possible que quand le point s'oppose à lui-même, si l'on peut ainsi parler, par deux ou plusieurs de ses modalités de manifestation spatiale ; et cette opposition est ce qui, au fond, constitue la distance, dont la réalisation est la première effectuation de l'espace, qui n'est sans elle, comme nous venons de le dire, qu'une pure puissance de réceptivité. Remarquons encore que la distance n'existe d'abord que virtuellement ou implicitement dans la forme sphérique dont nous avons parlé plus haut, et qui est celle qui correspond au minimum de différenciation, étant « isotrope » par rapport au point central, sans rien qui distingue une direction particulière par rapport à toutes les autres ; le rayon, qui est ici l'expression de la distance (prise du centre à la périphérie), n'est pas tracé effectivement et ne fait pas partie intégrante de la figure sphérique. La réalisation effective de la distance ne se trouve explicitée que dans la ligne droite, et en tant qu'élément initial et fondamental de celle-ci, comme résultant de la spécification d'une certaine direction déterminée ; dès lors, l'espace ne peut plus être regardé comme « isotrope », et, à ce point de vue, il doit être rapporté à deux pôles symétriques (les deux points entre lesquels il y a distance), au lieu de l'être à un centre unique.

Le point qui réalise toute l'étendue, comme nous venons de l'indiquer, s'en fait le centre, en la mesurant selon toutes ses dimensions, par l'extension indéfinie des branches de la croix dans les six directions, ou vers les six points cardinaux de cette étendue. C'est l'« Homme Universel », symbolisé par cette croix, mais non l'homme individuel (celui-ci, en tant que tel, ne pouvant rien atteindre qui soit en dehors de son propre état d'être), qui est véritablement la « mesure de toutes choses », pour employer l'expres-

---

deux termes étant entendus dans leur sens universel, c'est-à-dire comme désignant les deux pôles actif et passif de la manifestation, que la doctrine hindoue appelle *Purusha* et *Prakriti* (voir *L'Homme et son devenir selon le Vêdânta,* chap. IV).

sion de Protagoras que nous avons déjà rappelée ailleurs [1], mais, bien entendu, sans attribuer au sophiste grec lui-même la moindre compréhension de cette interprétation métaphysique [2].

Chapitre XVII
L'ONTOLOGIE DU BUISSON ARDENT

Nous pouvons encore préciser la signification du dédoublement du point par polarisation, telle que nous venons de l'exposer, en nous plaçant au point de vue proprement « ontologique » ; et, pour rendre la chose plus aisément compréhensible, nous pouvons envisager tout d'abord l'application au point de vue logique et même simplement grammatical. En effet, nous avons ici trois éléments, les deux points et leur distance, et il est facile de se rendre compte que ces trois éléments correspondent très exactement à ceux d'une proposition : les deux points représentent les deux termes de celle-ci, et leur distance, exprimant la relation qui existe entre eux, joue le rôle de la « copule » c'est-à-dire de l'élément qui relie les deux termes l'un à l'autre. Si nous considérons la proposition sous sa forme la plus habituelle et en même temps la plus générale, celle de la proposition attributive, dans laquelle la « copule » est le verbe « être » [3], nous voyons qu'elle exprime une identité, au moins sous un certain rapport, entre le sujet et l'attribut ; et ceci correspond au fait que les deux points ne sont en réalité que le dédoublement d'un seul et même point, se posant pour ainsi dire en face de lui-même comme nous l'avons expliqué.

D'autre part, on peut aussi envisager le rapport entre les deux termes comme étant un rapport de connaissance : dans ce cas, l'être,

---

1 *L'Homme et son devenir selon le Vêdânta*, chap. XVI, 3ᵉ éd.
2 Si notre intention était de nous livrer ici à une étude plus complète de la condition spatiale et de ses limitations, nous aurions à montrer comment, des considérations qui ont été exposées dans ce chapitre, peut se déduire une démonstration de l'absurdité des théories atomistes. Nous dirons seulement, sans y insister davantage, que tout ce qui est corporel est nécessairement divisible, par là même qu'il est étendu, c'est-à-dire soumis à la condition spatiale (cf. *Introduction générale à l'étude des doctrines hindoues*, pp. 239-240).
3 Toutes les autres formes de propositions qu'envisagent certains logiciens peuvent toujours se ramener à la forme attributive, par ce que le rapport exprimé par celle-ci a un caractère plus fondamental que tous les autres.

se posant pour ainsi dire en face de lui-même pour se connaître, se dédouble en sujet et objet ; mais, ici encore, ces deux ne sont qu'un en réalité. Ceci peut être étendu à toute connaissance vraie, qui implique essentiellement une identification du sujet et de l'objet, ce qu'on peut exprimer en disant que, sous le rapport et dans la mesure où il y a connaissance, l'être connaissant et l'être connu ; on voit dès lors que ce point de vue se rattache directement au précédent, car on peut dire que l'objet connu est un attribut (c'est-à-dire une modalité) du sujet connaissant.

Si maintenant nous considérons l'Être universel, qui est représenté par le point principiel dans son indivisible unité, et dont tous les êtres, en tant que manifestés dans l'Existence, ne sont en somme que des « participations », nous pouvons dire qu'il se polarise en sujet et attribut sans que son unité en soit affectée ; et la proposition dont il est à la fois le sujet et l'attribut prend cette forme : « L'Être est l'Être. » C'est l'énoncé même de ce que les logiciens appellent le « principe d'identité » ; mais, sous cette forme, on voit que sa portée réelle dépasse le domaine de la logique, et que c'est proprement, avant tout, un principe ontologique, quelles que soient les applications qu'on peut en tirer dans des ordres divers. On peut dire encore que c'est l'expression du rapport de l'Être comme sujet (Ce qui est) à l'Être comme attribut (Ce qu'il est), et que, d'autre part, l'Être-sujet étant le Connaissant et l'Être-attribut (ou objet) le Connu, ce rapport est la Connaissance elle-même ; mais, en même temps, c'est le rapport d'identité ; la Connaissance absolue est donc l'identité même, et toute connaissance vraie, en étant une participation, implique aussi identité dans la mesure où elle est effective. Ajoutons encore que, le rapport n'ayant de réalité que par les deux termes qu'il relie, et ceux-ci n'étant qu'un, les trois éléments (le Connaissant, le Connu et la Connaissance) ne sont véritablement qu'un [1] ; c'est ce qu'on peut exprimer en disant que « l'Être Se connaît Soi-même par Soi-même » [2].

---

1 Voir ce que nous avons dit sur le ternaire *Sachchidânanda* dans *L'Homme et son devenir selon le Vêdânta*, chap. XIV, 3ᵉ éd.
2 Dans l'ésotérisme islamique, on trouve aussi des formules telles que celles-ci : « Allah a créé le monde de Lui-même par Lui-même en Lui-même », ou : « Il a envoyé Son message de Lui-même à Lui-même par Lui-même. » Ces deux formules sont d'ailleurs équivalentes, car le « message divin » est le « Livre du Monde », archétype de tous les Livres sacrés, et les « lettres transcendantes » qui composent ce Livre sont

Ce qui est remarquable, et ce qui montre bien la valeur traditionnelle de la formule que nous venons d'expliquer ainsi, c'est qu'elle se trouve textuellement dans la Bible hébraïque, dans le récit de la manifestation de Dieu à Moïse dans le Buisson ardent [1] : Moïse lui demandant quel est son Nom, Il répond : *Eheieh asher Eheieh* [2], ce qu'on traduit le plus habituellement par : « Je suis Celui qui suis » (ou « Ce que Je suis »), mais dont la signification la plus exacte est : « L'Être est l'Être » [3]. Il y a deux façons différentes d'envisager la constitution de cette formule, dont la première consiste à la décomposer en trois stades successifs et graduels, suivant l'ordre même des trois mots dont elle est formée : *Eheieh*, « l'Être » ; *Eheieh asher*, « l'Être est » ; *Eheieh asher Eheieh,* « l'Être est l'Être ». En effet l'Être étant posé, ce qu'on peut en dire (et il faudrait ajouter : ce qu'on ne peut pas en dire), c'est d'abord qu'Il est, et ensuite qu'Il est l'Être ; ces affirmations nécessaires constituent essentiellement toute l'ontologie au sens propre de ce mot [4]. La seconde façon d'en-

---

toutes les créatures, ainsi qu'il a été expliqué plus haut. Il résulte aussi de là que la « science des lettres » *(ilmul-hurûf),* entendue dans son sens supérieur, est la connaissance de toutes choses dans le principe même, en tant qu'essences éternelles ; dans un sens que l'on peut dire moyen, c'est la cosmogonie ; enfin, dans le sens inférieur, c'est la connaissance des vertus des noms et des nombres, en tant qu'ils expriment la nature de chaque être, connaissance permettant d'exercer par leur moyen, en raison de cette correspondance, une action d'ordre « magique » sur les êtres eux-mêmes.
1 Dans certaines écoles d'ésotérisme islamique, le « Buisson ardent », support de la manifestation divine, est pris comme symbole de l'apparence individuelle subsistant lorsque l'être est parvenu à l'« Identité Suprême », dans le cas qui correspond à celui du *jîvan-mukta* dans la doctrine hindoue (voir *L'Homme et son devenir selon le Vêdânta*, chap. XXIII, 3ᵉ éd.) : c'est le cœur resplendissant de la lumière de la *Shekinah*, par la présence effectivement réalisée du « Suprême Soi » au centre de l'individualité humaine.
2 *Exode,* III, 14.
3 *Eheieh* doit, en effet, être considéré ici, non comme un verbe, mais comme un nom, ainsi que le montre la suite du texte, dans laquelle il est prescrit à Moïse de dire au peuple : « *Eheieh* m'a envoyé vers vous. » Quant au pronom relatif *asher,* « lequel », quand il joue le rôle de la « copule » comme c'est le cas ici, il a le sens du verbe « être » dont il tient la place dans la proposition.
4 Le fameux « argument ontologique » de saint Anselme et de Descartes, qui a donné lieu à tant de discussion et qui est, en effet, fort contestable sous la forme « dialectique » où il a été présenté, devient parfaitement inutile, aussi bien que tout autre raisonnement, si, au lieu de parler d'« existence de Dieu » (ce qui implique d'ailleurs une méprise sur la signification du mot « existence »), on pose simplement cette formule : « L'Être est », qui est de l'évidence la plus immédiate, relevant de l'intuition intellectuelle et non de la raison discursive (voir *Introduction générale à*

visager la même formule, c'est de poser d'abord le premier *Eheieh*, puis le second comme le reflet du premier dans un miroir (image de la contemplation de l'Être par Lui-même) ; en troisième lieu, la « copule » *asher* vient se placer entre ces deux termes comme un lien exprimant leur relation réciproque. Ceci correspond exactement à ce que nous avons exposé précédemment : le point, d'abord unique, puis se dédoublant par une polarisation qui est aussi une réflexion, et la relation de distance (relation essentiellement réciproque) s'établissant entre les deux points par le fait même de leur situation l'un en face de l'autre [1].

Chapitre XVIII
PASSAGE DES COORDONNÉES RECTILIGNES AUX COORDONNÉES POLAIRES ; CONTINUITÉ PAR ROTATION

Il nous faut maintenant revenir à la représentation géométrique que nous avons exposée en dernier lieu, et dont l'introduction, comme nous l'avons fait remarquer, équivaut à remplacer par des coordonnées polaires les coordonnées rectilignes et rectangulaires de notre précédente représentation « microcosmique ». Toute variation du rayon de la spirale que nous avons envisagé correspond à une variation équivalente sur l'axe traversant toutes les modalités, c'est-à-dire perpendiculaire à la direction suivant laquelle s'effectuait le développement de chaque modalité. Quant aux variations sur l'axe parallèle à cette dernière direction, elles sont remplacées par les positions différentes qu'occupe le rayon en tournant autour du pôle (centre du plan ou origine des coordonnées), c'est-à-dire par les variations de cet angle de rotation, mesuré à partir d'une certaine position prise pour origine. Cette position initiale, qui sera la normale au départ de la spirale (cette courbe partant du centre tangentiellement à la position du rayon qui est perpendiculaire à celle-là), sera celle du rayon qui contient, comme nous l'avons dit, les modifications extrêmes (commencement et fin) de

---

l'étude des doctrines hindoues, pp. 114-115).
1 Il est à peine besoin de faire remarquer que, l'*Eheieh* hébraïque étant l'Être pur, le sens de ce nom divin s'identifie très exactement à celui de l'*Ishwara* de la doctrine hindoue, qui contient semblablement en Lui-même le ternaire *Suchchidânanda*.

toutes les modalités.

Mais, dans ces modalités, il n'y a pas que le commencement et la fin qui se correspondent, et chaque modification intermédiaire ou élément quelconque d'une modalité à également sa correspondance dans toutes les autres, les modifications correspondantes étant toujours représentées par des points situés sur un même rayon issu du pôle. Si l'on prenait ce rayon, quel qu'il soit, comme normale à l'origine de la spirale, on aurait toujours la même spirale, mais la figure tout entière aurait tourné d'un certain angle. Pour représenter la parfaite continuité qui existe entre toutes les modalités, et dans la correspondance de tous leurs éléments, il faudrait supposer que la figure occupe simultanément toutes les positions possibles autour du pôle, toutes ces figures similaires s'interpénétrant, puisque chacune d'elles, dans l'ensemble de son développement indéfini, comprend également tous les points du plan. Ce n'est, à proprement parler, qu'une même figure dans une indéfinité de positions différentes, positions qui correspondent à l'indéfinité des valeurs que peut prendre l'angle de rotation, en supposant que cet angle varie d'une façon continue jusqu'à ce que le rayon, parti de la position initiale que nous avons définie, soit revenu, après une révolution complète, se superposer à cette position première.

Dans cette supposition, on aurait l'image exacte d'un mouvement vibratoire se propageant indéfiniment, en ondes concentriques, autour de son point de départ [1] ; et ce serait aussi le symbole géométrique le plus exact qu'on puisse donner de l'intégralité d'un état d'être. Si l'on voulait entrer plus avant dans les considérations d'ordre purement mathématique, qui ne nous intéressent ici qu'en tant qu'elles nous fournissent des représentations symboliques, on pourrait même montrer que la réalisation de cette intégralité correspondrait à l'intégration de l'équation différentielle exprimant la relation qui existe entre les variations concomitantes du rayon et de son angle de rotation, l'un et l'autre variant à la fois, et l'un en fonction de l'autre, d'une façon continue, c'est-à-dire de quantités infinitésimales. La constante arbitraire qui figure dans l'intégrale serait déterminée par la position du rayon prise pour origine, et

---

[1] Il s'agit de ce qu'on appelle en physique la surface libre « théorique », car, en fait, la surface libre d'un liquide n'est pas indéfiniment étendue et ne réalise jamais parfaitement le plan horizontal.

cette même quantité qui n'est fixe que pour une position déterminée de la figure, devrait varier d'une façon continue de 0 à 2 π pour toutes ses positions, de sorte que, si l'on considère celles-ci comme pouvant être simultanées (ce qui revient à supprimer la condition temporelle, qui donne à l'activité de manifestation la qualification particulière constituant le mouvement), il faut laisser la constante indéterminée entre ces deux valeurs extrêmes.

Cependant, on doit avoir bien soin de remarquer que ces représentations géométriques, quelles qu'elles soient, sont toujours plus ou moins imparfaites, comme l'est d'ailleurs nécessairement toute représentation et toute expression formelle. En effet, nous sommes naturellement obligés de les situer dans un espace particulier, dans une étendue déterminée, et l'espace, même envisagé dans toute l'extension dont il est susceptible, n'est rien de plus qu'une condition spéciale contenue dans un des degrés de l'Existence universelle, et à laquelle (d'ailleurs unie ou combinée à d'autres conditions du même ordre) sont soumis certains des domaines multiples compris dans ce degré de l'Existence, domaines dont chacun est, dans le « macrocosme », l'analogue de ce qu'est dans le « microcosme » la modalité correspondante de l'état d'être situé dans ce même degré. La représentation est forcément imparfaite, par là même qu'elle est enfermée dans des limites plus restreintes que ce qui est représenté, et, d'ailleurs, s'il en était autrement, elle serait inutile [1] ; mais, d'autre part, elle est d'autant moins imparfaite que, tout en demeurant toujours comprise dans les limites du concevable actuel, et même dans celles, beaucoup plus étroites, de l'imaginable (qui procède entièrement du sensible), elle devient cependant moins limitée, ce qui, en somme, revient à dire qu'elle fait intervenir une puissance plus élevés de l'indéfini [2]. Ceci se traduit

---

[1] C'est pourquoi le supérieur ne peut en aucune façon symboliser l'inférieur, mais est, au contraire, toujours symbolisé par celui-ci ; le symbole doit évidemment, pour remplir sa destination de « support », être plus accessible, donc moins complexe ou moins étendu que ce qu'il exprime ou représente.

[2] Dans les quantités infinitésimales, il y a quelque chose qui correspond exactement, mais en sens inverse, à ces puissances croissantes de l'infini : ce sont les différents ordres décroissants de ces quantités infinitésimales. Dans les deux cas, une quantité d'un certain ordre est indéfinie, dans le sens croissant ou dans le sens décroissant non seulement par rapport aux quantités finies ordinaires, mais aussi par rapport aux quantités appartenant à tous les ordres d'indéfinité précédents ; il n'y a donc pas hétérogénéité radicale entre les quantités ordinaires (considérées comme variables) et

en particulier, dans les représentations spatiales, par l'adjonction d'une dimension, ainsi que nous l'avons déjà indiqué précédemment ; d'ailleurs, cette question sera encore éclaircie par la suite de notre exposé.

Chapitre XIX
REPRÉSENTATION DE LA CONTINUITÉ DES DIFFÉRENTS ÉTATS D'ÊTRE

Dans notre nouvelle représentation, nous n'avons encore considéré jusqu'ici qu'un plan horizontal, c'est-à-dire un seul état d'être, et il nous faut maintenant figurer aussi la continuité de tous les plans horizontaux, qui représentent l'indéfinie multiplicité de tous les états. Cette continuité s'obtiendra géométriquement d'une façon analogue : au lieu de supposer le plan horizontal fixe dans l'étendue à trois dimensions, supposition que le fait du mouvement rend d'ailleurs aussi irréalisable matériellement que le tracé d'une courbe fermée, nous n'avons qu'à supposer qu'il se déplace insensiblement, parallèlement à lui-même, donc en demeurant toujours perpendiculaire à l'axe vertical, et de façon à rencontrer successivement cet axe en tous ses points consécutifs, le passage d'un point à un autre correspondant au parcours d'une des spires que nous avons considérées. De mouvement spiroïdal sera ici supposé isochrone, d'abord pour simplifier la représentation autant qu'il est possible, et aussi pour traduire l'équivalence des multiples modalités de l'être en chacun de ses états, lorsqu'on les envisage du point de vue de l'Universel.

Nous pouvons même, pour plus de simplicité, considérer de nouveau et provisoirement chacune des spires comme nous l'avons déjà envisagée dans le plan horizontal fixe, c'est-à-dire comme une circonférence. Cette fois encore, la circonférence ne se fermera pas car, lorsque le rayon qui la décrit reviendra se superposer à sa position initiale, il ne sera plus dans le même plan horizontal (supposé fixe comme parallèle à la direction d'un des plans de coordonnées et marquant une certaine situation définie sur l'axe perpendiculaire à cette direction) ; la distance élémentaire qui séparera les deux extrémités de cette circonférence, ou plutôt de la courbe sup-

les quantités indéfiniment croissantes ou indéfiniment décroissantes.

posée telle, sera alors mesurée, non plus sur un rayon issu du pôle, mais sur une parallèle à l'axe vertical [1]. Ces points extrêmes n'appartiennent pas au même plan horizontal, mais à deux plans horizontaux superposés ; ils sont situés de part et d'autre du plan horizontal considéré dans le cours de son déplacement intermédiaire entre ces deux positions (déplacement qui correspond au développement de l'état représenté par ce plan), parce qu'ils marquent la continuité de chaque état d'être avec celui qui le précède et celui qui le suit immédiatement dans la hiérarchisation de l'être total. Si l'on considère les rayons qui contiennent les extrémités des modalités de tous les états, leur superposition forme un plan vertical dont ils sont les droites horizontales, et ce plan vertical est le lieu de tous les points extrêmes dont nous venons de parler, et qu'on pourrait appeler les points-limites pour les différents états, comme ils l'étaient précédemment, à un autre point de vue, pour les diverses modalités de chaque état. La courbe que nous avions provisoirement considérée comme une circonférence est en réalité une spire, de hauteur infinitésimale (distance de deux plans horizontaux rencontrant l'axe vertical en deux points consécutifs), d'une hélice tracée sur un cylindre de révolution dont l'axe n'est autre que l'axe vertical de notre représentation. La correspondance entre les points des spires successives est ici marquée par leur situation sur une même génératrice du cylindre, c'est-à-dire sur une même verticale ; les points qui se correspondent, à travers la multiplicité des états d'être, paraissent confondus lorsqu'on les envisage dans la totalité de l'étendue à trois dimensions, en projection orthogonale sur un plan de base du cylindre, c'est-à-dire sur un plan horizontal déterminé.

Pour compléter notre représentation, il suffit maintenant d'envisager simultanément, d'une part, ce mouvement hélicoïdal, s'effectuant sur un système cylindrique vertical constitué par une indéfinité de cylindres circulaires concentriques (le rayon de base ne variant de l'un à l'autre que d'une quantité infinitésimale), et, d'autre part, le mouvement spiroïdal que nous avons considéré précédemment dans chaque plan horizontal supposé fixe. Par suite de la combinaison de ces deux mouvements, la base plane du

---

[1] En d'autres termes, c'est dans le sens vertical, et non plus dans le sens horizontal comme précédemment, que la courbe demeure ouverte.

système vertical ne sera autre que la spirale horizontale, équivalant à l'ensemble d'une indéfinité de circonférences concentriques non fermées ; mais, en outre, pour pousser plus loin l'analogie des considérations relatives respectivement aux étendues à deux et trois dimensions, et aussi pour mieux symboliser la parfaite continuité de tous les états d'être entre eux, il faudra envisager la spirale, non pas dans une seule position, mais dans toutes les positions qu'elle peut occuper autour de son centre. On aura ainsi une indéfinité de systèmes verticaux tels que le précédent, ayant le même axe, et s'interpénétrant tous lorsqu'on les regarde comme coexistants, puisque chacun d'eux comprend également la totalité des points d'une même étendue à trois dimensions, dans laquelle ils sont tous situés ; ce n'est, ici encore, que le même système considéré simultanément dans toutes les positions, en multitude indéfinie, qu'il peut occuper en accomplissant une rotation complète autour de l'axe vertical.

Nous verrons cependant que, en réalité, l'analogie ainsi établie n'est pas encore tout à fait suffisante ; mais, avant d'aller plus loin, nous ferons remarquer que tout ce que nous venons de dire pourrait s'appliquer à la représentation « microcosmique », aussi bien qu'à la représentation « macrocosmique ». Dans ce cas, les spires successives de la spirale indéfinie tracée dans un plan horizontal, au lieu de représenter les diverses modalités d'un état d'être, représenteraient les domaines multiples d'un degré de l'Existence universelle, tandis que la correspondance verticale serait celle de chaque degré de l'Existence, dans chacune des possibilités déterminées qu'il comprend, avec tous les autres degrés. Ajoutons d'ailleurs, pour n'avoir pas à y revenir, que cette concordance entre les deux représentations « macrocosmique » et « microcosmique » sera également vraie pout tout ce qui va suivre.

Chapitre XX
LE VORTEX SPHÉRIQUE UNIVERSEL

Si nous revenons au système vertical complexe que nous avons considéré en dernier lieu, nous voyons que, autour du point pris pour centre de l'étendue à trois dimensions que remplit ce système, cette étendue n'est pas « isotrope », ou, en d'autres termes, que, par

Chapitre XX

suite de la détermination d'une direction particulière et en quelque sorte « privilégiée », qui est celle de l'axe du système, c'est-à-dire la direction verticale, la figure n'est pas homogène dans toutes les directions à partir de ce point. Au contraire, dans le plan horizontal, lorsque nous considérions simultanément toutes les positions de la spirale autour du centre, ce plan était envisagé ainsi d'une façon homogène et sous un aspect « isotrope » par rapport à ce centre. Pour qu'il en soit de même dans l'étendje à trois dimensions, il faut remarquer que toute droite passant par le centre pourrait être prise pour axe d'un système tel que celui dont nous venons de parler, de sorte que toute direction peut jouer le rôle de la verticale ; de même, tout plan passant par le centre étant perpendiculaire à l'une de ces droites, il en résulte que, corrélativement, toute direction de plans pourra jouer le rôle de la direction horizontale, et même celui de la direction parallèle à l'un quelconque des trois plans de coordonnées. En effet, tout plan passant par le centre peut devenir l'un de ces trois plans dans une indéfinité de systèmes de coordonnées trirectangulaires, car il contient une indéfinité de couples de droites orthogonales se coupant au centre (ces droites étant tous les rayons issus du pôle dans la figuration de la spirale), couples qui peuvent tous former deux quelconques des trois axes d'un de ces systèmes. De même que chaque point de l'étendue est centre en puissance, comme nous l'avons dit plus haut, toute droite de cette même étendue est axe en puissance, et, même lorsque le centre aura été déterminé, chaque droite passant par ce point sera encore, en puissance, l'un quelconque des trois axes. Quand on aura choisi l'axe central ou principal d'un système, il restera encore à fixer les deux autres axes dans le plan perpendiculaire au premier et passant également par le centre ; mais il faut que, comme le centre lui-même, les trois axes soient aussi déterminés pour que la croix soit tracée effectivement, c'est-à-dire pour que l'étendue tout entière puisse être réellement mesurée selon ses trois dimensions.

On peut envisager comme coexistants tous les systèmes tels que notre représentation verticale, ayant respectivement pour axes centraux toutes les droites passant par le centre, car ils sont en effet coexistants à l'état potentiel, et, d'ailleurs, cela n'empêche nullement de choisir ensuite trois axes de coordonnées déterminés, auxquels on rapportera toute l'étendue. Ici encore, tous les systèmes dont nous parlons ne sont en réalité que les différentes positions du même système, lorsque son axe prend toutes les positions possibles autour du centre, et ils s'interpénètrent pour la même raison que précédemment, c'est-à-dire parce que chacun d'eux comprend tous les points de l'étendue. On peut dire que c'est le point principiel dont nous avons parlé, indépendant de toute détermination et représentant l'être en soi, qui effectue ou réalise cette étendue, jusqu'alors toute potentielle et conçue comme une pure possibilité de développement, en remplissant le volume total, indéfini à la troisième puissance, par la complète expansion de ses virtualités dans toutes les directions. D'ailleurs, c'est précisément dans la plénitude de l'expansion que s'obtient la parfaite homogénéité, de même que, inversement, l'extrême distinction n'est réalisable que dans l'extrême universalité [1] ; au point central de l'être, il s'établit, comme nous l'avons dit plus haut, un parfait équilibre entre les termes opposés de tous les contrastes et de toutes les antinomies auxquels donnent lieu les points de vue extérieurs et particuliers.

Comme, avec la nouvelle considération de tous les systèmes coexistants, les directions de l'étendue jouent toutes le même rôle, le déploiement qui s'effectue à partir du centre peut être regardé comme sphérique, ou mieux sphéroïdal : le volume total est, ainsi que nous l'avons déjà indiqué, un sphéroïde qui s'étend indéfiniment dans tous les sens, et dont la surface ne se ferme pas, non plus que les courbes que nous avons décrites auparavant ; d'ailleurs, la spirale plane, envisagée simultanément dans toutes ses positions, n'est pas autre chose qu'une section de cette surface par un plan passant par le centre. Nous avons dit que la réalisation de l'intégralité d'un plan se traduisait par le calcul d'une intégrale simple ; ici, comme il s'agit d'un volume, et non plus d'une surface, la réalisation de la totalité de l'étendue se traduirait par le calcul d'une intégrale double [2] ; les deux constantes arbitraires qui s'introduiraient

---

[1] Nous faisons encore allusion ici à l'union des deux points de vue de l'« unité dans la pluralité et la pluralité dans l'unité », dont il a déjà été question précédemment, en conformité avec les enseignements de l'ésotérisme islamique.

[2] Un point qu'il importe de retenir, bien que nous ne puissions y insister ici, c'est qu'une intégrale ne peut se calculer en prenant ses éléments un à un et successivement car, de cette façon, le calcul ne s'achèverait jamais ; l'intégration ne peut s'effectuer que par une unique opération synthétique, et le procédé analytique de formation des sommes arithmétiques ne saurait être applicable à l'infini.

dans ce calcul pourraient être déterminées par le choix de deux axes de coordonnées, le troisième axe se trouvant fixé par là même, puisqu'il doit être perpendiculaire au plan des deux autres et passer par le centre. Nous devons encore remarquer que le déploiement de ce sphéroïde n'est, en somme, pas autre chose que la propagation indéfinie d'un mouvement vibratoire (ou ondulatoire, ces deux termes étant au fond synonymes), non plus seulement dans un plan horizontal, mais dans toute l'étendue à trois dimensions, dont le point de départ de ce mouvement peut être actuellement regardé comme le centre. Si l'on considère cette étendue comme un symbole géométrique, c'est-à-dire spatial, de la Possibilité totale (symbole nécessairement imparfait, puisque limité par sa nature même), la représentation à laquelle nous avons ainsi abouti sera la figuration, dans la mesure où elle est possible, du vortex sphérique universel suivant lequel s'écoule la réalisation de toutes choses, et que la tradition métaphysique de l'Extrême-Orient appelle *Tao*, c'est-à-dire la « Voie ».

Chapitre XXI
DÉTERMINATION DES ÉLÉMENTS
DE LA REPRÉSENTATION DE L'ÊTRE

Par ce que nous venons d'exposer, nous avons poussé jusqu'à ses extrêmes limites concevables, ou plutôt imaginables (puisque c'est toujours d'une représentation d'ordre sensible qu'il s'agit), l'universalisation de notre symbole géométrique, en y introduisant graduellement, en plusieurs phases successives, ou, pour parler plus exactement, envisagées successivement au cours de notre étude, une indétermination de plus en plus grande, correspondant à ce que nous avons appelé des puissances de plus en plus élevées de l'indéfini, mais toutefois sans sortir de l'étendue à trois dimensions. Après en être arrivé à ce point, il nous va falloir refaire en quelque sorte le même chemin en sens inverse, pour rendre à la figure la détermination de tous ses éléments, détermination sans laquelle, tout en existant tout entière à l'état virtuel, elle ne peut être tracée effectivement ; mais cette détermination, qui, à notre point de départ, était seulement envisagée pour ainsi dire hypothétiquement, comme une pure possibilité, deviendra maintenant réelle, car nous pourrons marquer la signification précise de chacun des éléments constitutifs du symbole crucial par lequel elle est caractérisée.

Tout d'abord, nous envisagerons, non l'universalité des êtres, mais un seul être dans sa totalité ; nous supposerons que l'axe vertical soit déterminé, et ensuite que soit également déterminé le plan passant par cet axe et contenant les points extrêmes des modalités de chaque état ; nous reviendrons ainsi au système vertical ayant pour base plane la spirale horizontale considérée dans une seule position, système que nous avions déjà décrit précédemment. Ici, les directions des trois axes de coordonnées sont déterminées, mais l'axe vertical seul est effectivement déterminé en position ; l'un des deux axes horizontaux sera situé dans le plan vertical dont nous venons de parler, et l'autre lui sera naturellement perpendiculaire ; mais le plan horizontal qui contiendra ces deux droites rectangulaires reste encore indéterminé. Si nous déterminions ce plan, nous déterminerions aussi par là même le centre de l'étendue, c'est-à-dire l'origine du système de coordonnées auquel cette étendue est rapportée puisque ce point n'est autre que l'intersection du plan horizontal de coordonnées avec l'axe vertical ; tous les éléments de la figure seraient alors effectivement déterminés, ce qui permettrait de tracer la croix à trois dimensions, mesurant l'étendue dans sa totalité.

Nous devons encore rappeler que nous avions eu à considérer, pour constituer le système représentatif de l'être total, d'abord une spirale horizontale, et ensuite une hélice cylindrique verticale ; Si nous considérons isolément une spire quelconque d'une telle hélice, nous pourrons, en négligeant la différence élémentaire de niveau entre ses extrémités, la regarder comme une circonférence tracée dans un plan horizontal ; on pourra de même prendre pour une circonférence chaque spire de l'autre courbe, la spirale horizontale, si l'on néglige la variation élémentaire du rayon entre ses extrémités. Par suite, toute circonférence tracée dans un plan horizontal et ayant pour centre le centre même de ce plan, c'est-à-dire son intersection avec l'axe vertical, pourra inversement, et avec les mêmes approximations, être envisagée comme une spire appartenant à la fois à une hélice verticale et à une spirale horizontale [1] ;

---

[1] Cette circonférence est la même chose que celle qui limite extérieurement la figure connue sous le nom de *yin-yang* dans le symbolisme extrême-oriental, figure à

Chapitre XXI

il résulte de là que la courbe que nous représentons comme une circonférence n'est en réalité, rigoureusement parlant, ni fermée ni plane.

Une telle circonférence représentera une modalité quelconque d'un état d'être également quelconque, envisagée suivant la direction de l'axe vertical, qui se projettera lui-même horizontalement en un point, centre de la circonférence. D'autre part, si l'on envisageait celle-ci suivant la direction de l'un ou de l'autre des deux axes horizontaux, elle se projetterait en un segment, symétrique par rapport à l'axe vertical, d'une droite horizontale formant avec ce dernier une croix à deux dimensions, cette droite horizontale étant la trace, sur le plan vertical de projection, du plan dans lequel est située la circonférence considérée.

En ce qui concerne la signification de la circonférence avec le point central, celui-ci étant la trace de l'axe vertical sur un plan horizontal, nous ferons remarquer que, suivant un symbolisme tout à fait général, le centre et la circonférence représentent le point de départ et l'aboutissement d'un mode quelconque de manifestation [1] ; ils correspondent donc respectivement à ce que sont, dans l'Universel, l'« essence » et la « substance » (*Purusha* et *Prakriti* dans la doctrine hindoue), ou encore l'Être en soi et sa possibilité, et ils figurent, pour tout mode de manifestation, l'expression plus ou moins particularisée de ces deux principes envisagés comme complémentaires, actif et passif l'un par rapport à l'autre. Ceci achève de justifier ce que nous avons dit précédemment sur la relation existant entre les divers aspects du symbolisme de la croix, car nous pouvons déduire de là que, dans notre représentation géométrique, le plan horizontal (que l'on suppose fixe en tant que plan de coordonnées, et qui peut d'ailleurs occuper une position quelconque, n'étant déterminé qu'en direction) jouera un rôle passif par rapport à l'axe vertical, ce qui revient à dire que l'état d'être correspondant se réalisera dans son développement intégral sous l'influence active du principe qui est représenté par l'axe [2] ; ceci

---

laquelle nous avons déjà fait allusion, et dont il sera question spécialement un peu plus loin.
1 Nous avons vu que, dans le symbolisme des nombres cette figure correspond au dénaire, envisagé comme le développement complet de l'unité.
2 Si nous considérons la croix à deux dimensions obtenue par projection sur un plan vertical, croix qui est naturellement formée d'une ligne verticale et d'une ligne

pourra être mieux compris par la suite, mais il importait de l'indiquer dès maintenant.

Chapitre XXII
LE SYMBOLE EXTRÊME-ORIENTAL DU YIN-YANG ; ÉQUIVALENCE MÉTAPHYSIQUE DE LA NAISSANCE ET DE LA MORT

Pour en revenir à la détermination de notre figure, nous n'avons en somme à considérer particulièrement que deux choses : d'une part, l'axe vertical, et, d'autre part, le plan horizontal de coordonnées. Nous savons qu'un plan horizontal représente un état d'être, dont chaque modalité correspond à une spire plane que nous avons confondue avec une circonférence ; d'un autre côté, les extrémités de cette spire, en réalité, ne sont pas contenues dans le plan de la courbe, mais dans deux plans immédiatement voisins, car cette même courbe, envisagée dans le système cylindrique vertical, est « une spire, une fonction d'hélice, mais dont le pas est infinitésimal. C'est pourquoi, étant donné que nous vivons, agissons et raisonnons à présent sur des contingences, nous pouvons et devons même considérer le graphique de l'évolution individuelle [1] comme une surface (plane). Et, en réalité, elle en possède tous les attributs et qualités, et ne diffère de la surface que considérée de l'Absolu [2]. Ainsi, à notre plan (ou degré d'existence), le « circulus vital » est une vérité immédiate, et le cercle est bien la représentation du cycle individuel humain [3] ».

Le *yin-yang* qui, dans le symbolisme traditionnel de l'Extrême-Orient, figure le « cercle de la destinée individuelle », est bien en effet un cercle, pour les raisons précédentes. « C'est un

---

horizontale, nous voyons que, dans ces conditions, la croix symbolise bien l'union des deux principes actif et passif.
1 Soit pour une modalité particulière, soit même pour l'individualité intégrale si on l'envisage isolément dans l'être ; lorsqu'on ne considère qu'un seul état, la représentation doit être plane. Nous rappellerons encore une fois, pour éviter tout malentendu, que le mot « évolution » ne peut signifier pour nous rien de plus que le développement d'un certain ensemble de possibilités.
2 C'est-à-dire en envisageant l'être dans sa totalité.
3 Matgioi, *La voie Métaphysique,* p. 128.

cercle représentatif d'une évolution individuelle ou spécifique [1], et il ne participe que par deux dimensions au cylindre cyclique universel. N'ayant point d'épaisseur, il n'a pas d'opacité, et il est représenté diaphane et transparent, c'est-à-dire que les graphiques des évolutions, antérieures et postérieures à son moment [2], se voient et s'impriment au regard à travers lui [3]. » Mais, bien entendu, « il ne faut jamais perdre de vue que si, pris à part, le *yin-yang* peut être considéré comme un cercle, il est, dans la succession des modifications individuelles [4], un élément d'hélice : toute modification individuelle est essentiellement un vortex à trois dimensions [5] ; il n'y a qu'une seule stase humaine, et l'on ne repasse jamais par le

---

[1] L'espèce, en effet, n'est pas un principe transcendant pas rapport aux individus qui en font partie ; elle est elle-même de l'ordre des existences individuelles et ne le dépasse pas ; elle se situe donc au même niveau dans l'Existence universelle, et l'on peut dire que la participation à l'espèce s'effectue selon le sens horizontal ; peut-être consacrerons-nous quelque jour une étude spéciale à cette question des conditions de l'espèce.

[2] Ces évolutions sont le développement des autres états, ainsi répartis par rapport à l'état humain ; rappelons que, métaphysiquement, il n'est jamais question d'« antériorité » et de « postériorité » que dans le sens d'un enchaînement causal et purement logique, qui ne saurait exclure la simultanéité de toutes choses dans l'« éternel présent ».

[3] Matgioi, *La Voie Métaphysique*, p. 129. — La figure est divisée en deux parties, l'une obscure et l'autre claire, qui correspondent respectivement à ces évolutions antérieures et postérieures, les états dont il s'agit pouvant être considérés symboliquement, par comparaison avec l'état humain, les uns comme sombres, les autres comme lumineux ; en même temps, la partie obscure est le côté du *yin*, et la partie claire est le côté du *yang*, conformément à la signification originelle de ces deux termes. D'autre part, le *yang* et le *yin* étant aussi les deux principes masculin et féminin, on a ainsi, à un autre point de vue, et comme nous l'avons indiqué plus haut, la représentation de l'« Androgyne » primordial dont les deux moitiés sont déjà différenciées sans être encore séparées. Enfin, en tant que représentative des révolutions cycliques, dont les phases sont liées à la prédominance alternative du *yang* et du *yin*, la même figure encore est en rapport avec le symbole du *swastika*, ainsi qu'avec celui de la double spirale auquel nous avons fait allusion précédemment ; mais ceci nous entraînerait à des considérations étrangères à notre sujet.

[4] Considérées en tant qu'elles se correspondent (en succession logique) dans les différents états d'être, qui doivent d'ailleurs être envisagés en simultanéité pour que les différentes spires de l'hélice puissent être comparées entre elles.

[5] C'est un élément du vortex sphérique universel dont il a été question précédemment ; il y a toujours analogie et en quelque sorte « proportionnalité » (sans pourtant qu'il puisse y avoir de commune mesure) entre le tout et chacun de ses éléments, même infinitésimaux.

chemin déjà parcouru [1] ».

Les deux extrémités de la spire d'hélice de pas infinitésimal sont, comme nous l'avons dit, deux points immédiatement voisins sur une génératrice du cylindre, une parallèle à l'axe vertical (d'ailleurs située dans un des plans des coordonnées). Ces deux points n'appartiennent pas réellement à l'individualité, ou, d'une façon plus générale, à l'état d'être représenté par le plan horizontal que l'on considère. « L'entrée dans le *yin-yang* et la sortie du *yin-yang* ne sont pas à la disposition de l'individu, car ce sont deux points qui appartiennent, bien qu'au yin-yang, à la spire inscrite sur la surface latérale (verticale) du cylindre, et qui sont soumis à l'attraction de la « Volonté du Ciel ». Et en réalité, en effet, l'homme n'est pas libre de sa naissance ni de sa mort. Pour sa naissance, il n'est libre ni de l'acceptation, ni du refus, ni du moment. Pour la mort, il n'est pas libre de s'y soustraire ; et il ne doit pas non plus, en toute justice analogique, être libre du moment de sa mort... En tout cas, il n'est libre d'aucune des conditions de ces deux actes : la naissance le lance invinciblement sur le circulus d'une existence qu'il n'a ni demandée ni choisie ; la mort le retire de ce circulus et le lance invinciblement dans un autre, prescrit et prévu par la « Volonté du Ciel », sans qu'il puisse rien en modifier [2]. Ainsi, l'homme terrestre est esclave quant à sa naissance et quant à sa mort, c'est-à-dire par rapport aux deux actes principaux de sa vie individuelle, aux seuls qui résument en somme son évolution spéciale au regard de l'Infini [3]. »

Il doit être bien compris que « les phénomènes mort et naissance, considérés en eux-mêmes et en dehors des cycles, sont parfaite-

---

[1] Matgioi, *La Voie Métaphysique,* pp. 131-132 (note). — Ceci exclut encore formellement la possibilité de la « réincarnation ». À cet égard, on peut aussi remarquer, au point de vue de la représentation géométrique, qu'une droite ne peut rencontrer un plan qu'en un seul point ; il en est ainsi, en particulier, de l'axe vertical par rapport à chaque plan horizontal.

[2] Il en est ainsi parce que l'individu comme tel n'est qu'un être contingent, n'ayant pas en lui-même sa raison suffisante ; c'est pourquoi le parcours de son existence, si on l'envisage sans tenir compte de la variation selon le sens vertical, apparaît comme le « cycle de la nécessité ».

[3] Matgioi, *La Voie Métaphysique,* pp. 132-133. — « Mais, entre sa naissance et sa mort, l'individu est libre, dans l'émission et dans le sens de tous ses actes terrestres ; dans le « circulus vital » de l'espèce et de l'individu, l'attraction de la « Volonté du Ciel » ne se fait pas sentir ».

ment égaux »¹ ; on peut même dire que ce n'est en réalité qu'un seul et même phénomène envisagé sous deux faces opposées, du point de vue de l'un et de l'autre des deux cycles consécutifs entre lesquels il intervient. Cela se voit d'ailleurs immédiatement dans notre représentation géométrique, puisque la fin d'un cycle quelconque coïncide toujours nécessairement avec le commencement d'un autre, et que nous n'employons les mots « naissance » et « mort », en les prenant dans leur acception tout à fait générale, que pour désigner les passages entre les cycles, quelle que soit d'ailleurs l'extension de ceux-ci, et qu'il s'agisse de mondes aussi bien que d'individus. Ces deux phénomènes « s'accompagnent donc et se complètent l'un l'autre : la naissance humaine est la conséquence immédiate d'une mort (à un autre état) ; la mort humaine est la cause immédiate d'une naissance (dans un autre état également). L'une de ces circonstances ne se produit jamais sans l'autre. Et, le temps n'existant pas ici, nous pouvons affirmer que, entre la valeur intrinsèque du phénomène naissance et la valeur intrinsèque du phénomène mort, il y a identité métaphysique. Quant à leur valeur relative, et à cause de l'immédiateté des conséquences, la mort à l'extrémité d'un cycle quelconque est supérieure à la naissance sur le même cycle, de toute la valeur de l'attraction de la « Volonté du Ciel » sur ce cycle, c'est-à-dire, mathématiquement, du pas de l'hélice évolutive ² ».

Chapitre XXIII
SIGNIFICATION DE L'AXE VERTICAL; L'INFLUENCE DE LA VOLONTÉ DU CIEL

De ce qui précède, il résulte que le pas de l'hélice, élément par lequel les extrémités d'un cycle individuel, quel qu'il soit, échappent au domaine propre de l'individualité, est la mesure de la « force attractive de la Divinité ³ ». L'influence de la « Volonté du Ciel » dans le développement de l'être se mesure donc parallèlement à l'axe

---

1 *Ibid.*, pp. 138-139 (note).
2 *Ibid.*, p. 137. — Sur cette question de l'équivalence métaphysique de la naissance et de la mort, voir aussi *L'Homme et son devenir selon le Vêdânta*, chap. VIII et XVII, 3ᵉ éd.
3 Matgioi, *La Voie Métaphysique*, p. 95.

vertical ; ceci implique évidemment la considération simultanée d'une pluralité d'états, constituant autant de cycles intégraux d'existence (spirales horizontales), cette influence transcendante ne se faisant pas sentir dans l'intérieur d'un même état pris isolément.

L'axe vertical représente alors le lieu métaphysique de la manifestation de la « Volonté du Ciel », et il traverse chaque plan horizontal en son centre, c'est-à-dire au point où se réalise l'équilibre en lequel réside précisément cette manifestation, ou, en d'autres termes, l'harmonisation complète de tous les éléments constitutifs de l'état d'être correspondant. C'est là, comme nous l'avons vu plus haut, ce qu'il faut entendre par l'« Invariable Milieu » (*Tchoung-young*), où se reflète, en chaque état d'être (par l'équilibre qui est comme une image de l'Unité principielle dans le manifesté), l'« Activité du Ciel », qui, en elle-même, est non-agissante et non-manifestée, bien que devant être conçue comme capable d'action et de manifestation, sans d'ailleurs que cela puisse l'affecter ou la modifier en quelque façon que ce soit, et même, à la vérité, comme capable de toute action et de toute manifestation, précisément parce qu'elle est au-delà de toutes les actions et manifestations particulières. Par suite, nous pouvons dire que, dans la représentation d'un être, l'axe vertical est le symbole de la « Voie personnelle »[1], qui conduit à la Perfection, et qui est une spécification de la « Voie universelle », représentée précédemment par une figure sphéroïdale indéfinie et non fermée ; avec le même symbolisme géométrique, cette spécification s'obtient, d'après ce que nous avons dit, par la détermination d'une direction particulière dans l'étendue, direction qui est celle de cet axe vertical[2].

Nous avons parlé ici de la Perfection, et, à ce propos, une brève explication est nécessaire : quand ce terme est ainsi employé, il doit être entendu dans son sens absolu et total. Seulement, pour y penser, dans notre condition actuelle (en tant qu'êtres appartenant à l'état individuel humain), il faut bien rendre cette conception intelligible en mode distinctif ; et, cette conceptibilité est la « perfection active » *(Khien),* possibilité de la volonté dans la Perfection,

---

1 Rappelons encore que la « personnalité » est pour nous le principe transcendant et permanent de l'être, tandis que l'individualité » n'en est qu'une manifestation transitoire et contingente.

2 Ceci achève de préciser ce que nous avons déjà indiqué au sujet des rapports de la « Voie » *(Tao)* et de la « Rectitude » *(Te).*

Chapitre XXIII

et naturellement de toute-puissance, qui est identique à ce qui est désigné comme l'« Activité du Ciel ». Mais, pour en parler, il faut en outre sensibiliser cette conception (puisque le langage, comme toute expression extérieure, est nécessairement d'ordre sensible) ; c'est alors la « perfection passive » *(Khouen)*, possibilité de l'action comme motif et comme but. *Khien* est la volonté capable de se manifester, et *Khouen* est l'objet de cette manifestation ; mais, d'ailleurs, dès lors qu'on dit « perfection active » ou « perfection passive », on ne dit plus Perfection au sens absolu, puisqu'il y a déjà là une distinction et une détermination, donc une limitation. On peut encore, si l'on veut, dire que *Khien* est la faculté agissante (il serait plus exact de dire « influente »), correspondant au « Ciel » (*Tien*), et que *Khouen* est la faculté plastique, correspondant à la « Terre » (*Ti*) ; nous trouvons ici, dans la Perfection, l'analogue, mais encore plus universel, de ce que nous avons désigné, dans l'Être, comme l'« essence » et la « substance »[1]. En tout cas, quel que soit le principe par lequel on les détermine, il faut savoir que *Khien* et *Khouen* n'existent métaphysiquement que de notre point de vue d'êtres manifestés, de même que ce n'est pas en soi que l'Être se polarise et se détermine en « essence » et « substance », mais seulement par rapport à nous, et en tant que nous l'envisageons à partir de la manifestation universelle dont il est le principe et à laquelle nous appartenons.

Si nous revenons à notre représentation géométrique, nous voyons que l'axe vertical est déterminé comme expression de la « Volonté du Ciel » dans le développement de l'être, ce qui détermine en même temps la direction des plans horizontaux, représentant les différents états, et la correspondance horizontale et verticale de ceux-ci, établissant leur hiérarchisation. Par suite de cette correspondance, les points-limites de ces états sont déterminés comme extrémités des modalités particulières ; le plan vertical qui les contient est un des plans de coordonnées, ainsi que celui qui lui est perpendiculaire suivant l'axe ; ces deux plans verticaux tracent dans chaque plan horizontal une croix à deux dimensions, dont le centre est dans l'« Invariable Milieu ». Il ne reste donc plus

---

[1] Voir encore *L'Homme et son devenir selon le Védânta,* chap. IV. — Dans les *koua* de Fo-hi, *Khien* est représenté par trois traits pleins et *Khouen* par trois traits brisés ; or on a vu que le trait plein est le symbole du *yang* ou principe actif, et le trait brisé celui du *yin* ou principe passif.

qu'un seul élément indéterminé : c'est la position du plan horizontal particulier qui sera le troisième plan de coordonnées ; à ce plan correspond, dans l'être total, un certain état, dont la détermination permettra de tracer la croix symbolique à trois dimensions, c'est-à-dire de réaliser la totalisation même de l'être.

Un point qu'il importe de noter encore avant d'aller plus loin, est celui-ci : la distance verticale qui sépare les extrémités d'un cycle évolutif quelconque est constante, ce qui, semble-t-il, reviendrait à dire que, quel que soit le cycle que l'on envisage, la « force attractive de la Divinité » agit toujours avec la même intensité ; et il en est effectivement ainsi au regard de l'Infini : c'est ce qu'exprime la loi d'harmonie universelle, qui exige la proportionnalité en quelque sorte mathématique de toutes les variations. Il est vrai, cependant, qu'il pourrait ne plus en être de même, en apparence, si l'on se plaçait à un point de vue spécialisé, et si l'on avait seulement égard au parcours d'un certain cycle déterminé que l'on voudrait comparer aux autres sous le rapport dont il s'agit ; il faudrait alors pouvoir évaluer, dans le cas précis où l'on se serait placé (en admettant qu'il y ait lieu effectivement de s'y placer, ce qui, en tout cas, est en dehors du point de vue de la métaphysique pure), la valeur du pas de l'hélice ; mais « nous ne connaissons pas la valeur essentielle de cet élément géométrique, parce que nous n'avons pas actuellement conscience des états cycliques où nous passâmes, et que nous ne pouvons donc pas mesurer la hauteur métaphysique qui nous sépare aujourd'hui de celui dont nous sortons [1] ». Nous n'avons ainsi aucun moyen direct d'apprécier la mesure de l'action de la « Volonté du Ciel » ; « nous ne la connaîtrions que par analogie (en vertu de la loi d'harmonie), si, dans notre état actuel, ayant conscience de notre état précédent, nous pouvions juger de la quantité métaphysique acquise [2], et, par suite, mesurer la force ascensionnelle. Il n'est pas dit que la chose soit impossible, car elle est facilement compréhensible ; mais elle n'est pas dans les facultés de la présente humanité [3].

---

1 Matgioi, *La Voie Métaphysique*, pp. 137-138 (note).
2 Il est bien entendu que le terme de « quantité », que justifie ici l'emploi du symbolisme mathématique, ne doit être pris que dans un sens purement analogique ; il en est d'ailleurs de même du mot « force » et de tous ceux qui évoquent des images empruntées au monde sensible.
3 *Ibid.*, p. 96. — Dans cette dernière citation, nous avons introduit quelques mo-

Remarquons encore en passant, et simplement pour indiquer, comme nous le faisons chaque fois que l'occasion s'en présente, la concordance qui existe entre toutes les traditions, que l'on pourrait, d'après ce que nous venons d'exposer sur la signification de l'axe vertical, donner une interprétation métaphysique de la parole bien connue de l'Evangile suivant laquelle le Verbe (ou la « Volonté du Ciel » en action) est (par rapport à nous) « la Voie, la Vérité et la Vie » [1]. Si nous reprenons pour un instant notre représentation « microcosmique » du début, et si nous considérons ses trois axes de coordonnées, la « Voie » (spécifiée à l'égard de l'être envisagé) sera représentée, comme ici, par l'axe vertical ; des deux axes horizontaux, l'un représentera alors la « Vérité », et l'autre la « Vie ». Tandis que la « Voie » se rapporte à l'« Homme Universel », auquel s'identifie le « Soi », la « Vérité » se rapporte ici à l'homme intellectuel, et la « Vie » à l'homme corporel (bien que ce dernier terme soit aussi susceptible d'une certaine transposition) [2] ; de ces deux derniers, qui appartiennent l'un et l'autre au domaine d'un même état particulier, c'est-à-dire à un même degré de l'existence universelle, le premier doit ici être assimilé à l'individualité intégrale, dont le second n'est qu'une modalité. La « Vie » sera donc représentée par l'axe parallèle à la direction suivant laquelle se développe chaque modalité, et la « Vérité » le sera par l'axe qui réunit toutes les modalités en les traversant perpendiculairement à cette même direction (axe qui, quoique également horizontal, pourra être regardé comme relativement vertical par rapport à l'autre, suivant ce que nous avons indiqué précédemment). Ceci suppose

---

difications, mais sans en altérer le sens, pour appliquer à chaque être ce qui était dit de l'Univers dans son ensemble. « L'homme ne peut rien sur sa propre vie, parce que la loi qui régit la vie et la mort, ses mutations à lui, lui échappe ; que peut-il savoir alors de la loi qui régit les grandes mutations cosmiques, l'évolution universelle ? » (*Tchoang-tseu*, chap. XXV). — Dans la tradition hindoue, les *Purânas* déclarent qu'il n'y a pas de mesure des *Kalpas* antérieurs et postérieurs, c'est-à-dire des cycles qui se rapportent aux autres degrés de l'Existence universelle.

1 Afin de prévenir toute méprise possible, étant données les confusions habituelles dans l'Occident moderne, nous tenons à bien spécifier qu'il s'agit ici exclusivement d'une interprétation métaphysique, et nullement d'une interprétation religieuse ; il y a, entre ces deux points de vue, toute la différence qui existe, dans l'Islamisme, entre la *haqîqah* (métaphysique et ésotérique) et la *shariyah* (sociale et exotérique).

2 Ces trois aspects de l'homme (dont les deux derniers seulement sont « humains » à proprement parler) sont désignés respectivement dans la tradition hébraïque par les termes d'*Adam*, d'*Aish* et d'*Enôsh*.

d'ailleurs que le tracé de la croix à trois dimensions est rapporté à l'individualité humaine terrestre, car c'est par rapport à celle-ci seulement que nous venons de considérer ici la « Vie » et même la « Vérité » ; ce tracé figure l'action du Verbe dans la réalisation de l'être total et son identification avec l'« Homme Universel. »

Chapitre XXIV
LE RAYON CÉLESTE ET SON PLAN DE RÉFLEXION

Si nous considérons la superposition des plans horizontaux représentatifs de tous les états d'être, nous pouvons dire encore que, par rapport à ceux-ci, envisagés séparément ou dans leur ensemble, l'axe vertical, qui les relie tous entre eux et au centre de l'être total, symbolise ce que diverses traditions appellent le « Rayon Céleste » ou le « Rayon Divin » : c'est le principe que la doctrine hindoue désigne sous les noms de *Buddhi* et de *Mahat* [1], « qui constitue l'élément supérieur non-incarné de l'homme, et qui lui sert de guide à travers les phases de l'évolution universelle » [2]. Le cycle universel, représenté par l'ensemble de notre figure, et « dont l'humanité (au sens individuel et « spécifique ») ne constitue qu'une phase, a un mouvement propre [3], indépendant de notre humanité, de toutes les humanités, de tous les plans (représentant tous les degrés de l'Existence), dont il forme la somme indéfinie (qui est l'« Homme Universel ») [4]. Ce mouvement propre, qu'il tient de l'affinité essentielle du « Rayon Céleste » vers son origine, l'aiguille invinciblement vers sa Fin (la Perfection), qui est identique à son Commencement, avec une force directrice ascensionnelle et divinement bienfaisante (c'est-à-dire harmonique) » [5], qui n'est autre que cette « force attractive de la Divinité » dont il a été question au chapitre précédent.

---

1 Voir *L'Homme et son devenir selon le Vêdânta,* chap. VII, et aussi chap. XXI, 3ᵉ éd., pour le symbolisme du « rayon solaire » *(sushuma).*
2 Simon et Théophane, *Les Enseignements secrets de la Gnose,* p. 10.
3 Le mot « mouvement » encore n'est ici qu'une expression purement analogique, puisque le cycle universel, dans sa totalité, est évidemment indépendant des conditions temporelle et spatiale, aussi bien que de n'importe quelles autres conditions particulières.
4 Cette « somme indéfinie » est à proprement parler une intégrale.
5 *Ibid.,* p. 50.

Chapitre XXIV

Ce sur quoi il nous faut insister, c'est que le « mouvement » du cycle universel est nécessairement indépendant d'une volonté individuelle quelconque, particulière ou collective, laquelle ne peut agir qu'à l'intérieur de son domaine spécial, et sans jamais sortir des conditions déterminées d'existence auxquelles ce domaine est soumis. « L'homme, en tant qu'homme (individuel), ne saurait disposer de mieux et de plus que de son destin hominal, dont il est libre d'arrêter, en effet, la marche individuelle. Mais cet être contingent, doué de vertus et de possibilités contingentes, ne saurait se mouvoir, ou s'arrêter, ou s'influencer soi-même en dehors du plan contingent spécial où, pour l'heure, il est placé et exerce ses facultés. Il est déraisonnable de supposer qu'il puisse modifier, *a fortiori* arrêter la marche éternelle du cycle universel [1]. » D'ailleurs, l'extension indéfinie des possibilités de l'individu, envisagé dans son intégralité, ne change rien à ceci, puisqu'elle ne saurait naturellement le soustraire à tout l'ensemble des conditions limitatives qui caractérisent l'état d'être auquel il appartient en tant qu'individu [2].

Le « Rayon Céleste » traverse tous les états d'être, marquant, ainsi que nous l'avons déjà dit, le point central de chacun d'eux par sa trace sur le plan horizontal correspondant, et le lieu de tous ces points centraux est l'« Invariable Milieu » ; mais cette action du « Rayon Céleste » n'est effective que s'il produit, par sa réflexion sur un de ces plans, une vibration qui, se propageant et s'amplifiant dans la totalité de l'être, illumine son chaos, cosmique ou humain. Nous disons cosmique ou humain, car ceci peut s'appliquer au « macrocosme » aussi bien qu'au « microcosme » ; dans tous les cas, l'ensemble des possibilités de l'être ne constitue proprement qu'un chaos « informe et vide » [3], dans lequel tout n'est qu'obscurité jusqu'au moment où se produit cette illumination qui en détermine l'organisation harmonique dans le passage de la puissance à l'acte [4]. Cette même illumination correspond strictement à la conversion

---

[1] *Ibid.*, p. 50.

[2] Ceci est vrai notamment de l'« immortalité » entendue au sens occidental, c'est-à-dire conçue comme un prolongement de l'état individuel humain dans la « perpétuité » ou indéfinité temporelle (voir *L'Homme et son devenir selon le Vêdânta*, chap. XVIII, 3ᵉ éd.).

[3] C'est la traduction littérale de l'hébreu *thohu va-bohu*, que Fabre d'Olivet (*La Langue hébraïque restituée*) explique par « puissance contingente d'être dans une puissance d'être ».

[4] Cf. *Genèse*, I, 2-3.

des trois *gunas* l'un dans l'autre, que nous avons décrite plus haut d'après un texte du *Vêda* : si nous considérons les deux phases de cette conversion, le résultat de la première, effectuée à partir des états inférieurs de l'être, s'opère dans le plan même de réflexion, tandis que la seconde imprime à la vibration réfléchie une direction ascensionnelle, qui la transmet à travers toute la hiérarchie des états supérieurs de l'être. Le plan de réflexion, dont le centre, point d'incidence du « Rayon Céleste », est le point de départ de cette vibration indéfinie, sera alors le plan central dans l'ensemble des états d'être, c'est-à-dire le plan horizontal de coordonnées dans notre représentation géométrique, et son centre sera effectivement le centre de l'être total. Ce plan central, où sont tracées les branches horizontales de la croix à trois dimensions, joue, par rapport au « Rayon Céleste » qui en est la branche verticale, un rôle analogue à celui de la « perfection passive » par rapport à la « perfection active », ou à celui de la « substance » par rapport à l'« essence », de *Prakriti* par rapport à *Purusha* : c'est toujours, symboliquement, la « Terre » par rapport au « Ciel », et c'est aussi ce que toutes les traditions cosmogoniques s'accordent à représenter comme la « surface des Eaux » [1]. On peut encore dire que c'est le plan de séparation des « Eaux inférieures » et des « Eaux supérieures » [2], c'est-à-dire des deux chaos, formel et informel, individuel et extra-individuel, de tous les états, tant non-manifestés que manifestés, dont l'ensemble constitue la Possibilité totale de l'« Homme Universel ».

Par l'opération de l'« Esprit Universel » (*Atmâ*), projetant le « Rayon Céleste » qui se réfléchit sur le miroir des « Eaux », au sein de celles-ci est enfermée une étincelle divine, germe spirituel incréé, qui, dans l'Univers potentiel (*Brahmânda* ou « Œuf du Monde »), est cette détermination du « Non-Suprême » *Brahma* (*Apara-Brahma*) que la tradition hindoue désigne comme *Hiranyagarbha* (c'est-à-dire l'« Embryon d'Or ») [3]. Dans chaque être envisagé en particulier, cette étincelle de la lumière intelligible constitue, si l'on peut ainsi parler, une unité fragmentaire (expression d'ailleurs inexacte si on la prenait à la lettre, l'unité étant en réalité indivisible et sans parties) qui, se développant pour s'identifier en acte à l'Unité totale, à laquelle elle est en effet identique

---
1 Voir *L'Homme et son devenir selon le Vêdânta*, chap. V.
2 Cf. *Genèse*, I, 6-7.
3 Voir *L'Homme et son devenir selon le Vêdânta*, chap. XIII, 3ᵉ édition.

en puissance (car elle contient en elle-même l'essence indivisible de la lumière, comme la nature du feu est contenue tout entière en chaque étincelle) [1], s'irradiera en tous sens à partir du centre, et réalisera dans son expansion le parfait épanouissement de toutes les possibilités de l'être. Ce principe d'essence divine involué dans les êtres (en apparence seulement, car il ne saurait être réellement affecté par les contingences, et cet état d'« enveloppement » n'existe que du point de vue de la manifestation), c'est encore, dans le symbolisme védique, *Agni* [2], se manifestant au centre du *swastika*, qui est, comme nous l'avons vu, la croix tracée dans le plan horizontal, et qui, par sa rotation autour de ce centre, génère le cycle évolutif constituant chacun des éléments du cycle universel. Le centre, seul point restant immobile dans ce mouvement de rotation, est, en raison même de son immobilité (image de l'immutabilité principielle), le moteur de la « roue d'existence » il renferme en lui-même la « Loi » (au sens du terme sanscrit *Dharma*) [3], c'est-à-dire l'expression ou la manifestation de la « Volonté du Ciel », pour le cycle correspondant au plan horizontal dans lequel s'effectue cette rotation, et, suivant, ce que nous avons dit, son influence se mesure, ou du moins se mesurerait si nous en avions la faculté, par le pas de l'hélice, évolutive, à axe vertical [4].

---

1 Voir *ibid.*, chap. V.

2 *Agni* est figuré comme un principe igné (de même, d'ailleurs, que le Rayon lumineux qui le fait naître), le feu étant regardé comme l'élément actif par rapport à l'eau, élément passif. — *Agni* au centre du *swastika*, c'est aussi l'agneau à la source des quatre fleuves dans le symbolisme chrétien (voir *L'Homme et son devenir selon le Vêdânta*, chap. III ; *L'Esotérisme de Dante*, chap. IV ; *Le Roi du Monde*, chap. IX).

3 Voir *Introduction générale à l'étude des doctrines hindoues*, 3ᵉ partie, chap. v, et *L'Homme et son devenir selon le Vêdânta*, chap. IV. — Nous avons aussi indiqué ailleurs le rapport qui existe entre le mot *Dharma* et le nom sanscrit du Pôle, *Dhruva*, dérivés respectivement des racines *dhri* et *dhru*, qui ont le même sens et expriment essentiellement l'idée de stabilité (*Le Roi du Monde*, chap. I).

4 « Quand on dit maintenant (dans le cours de la manifestation) « le Principe », ce terme ne désigne plus l'Être qui existe dans tous les êtres, norme universelle qui préside à l'évolution cosmique. La nature du Principe, la nature de l'Être, sont incompréhensibles et ineffables. Seul, le limité peut se comprendre (en mode individuel humain) et s'exprimer. Le Principe agissant comme le pôle, comme l'axe de l'universalité des êtres, disons de lui seulement qu'il est le pôle, qu'il est l'axe de l'évolution universelle, sans tenter de l'expliquer » (*Tchoang-tseu*, chap. XXV). C'est pourquoi le *Tao* « avec un nom », qui est « la Mère des dix mille êtres » (*Tao-te-king*, chap. Iᵉʳ) est la « Grande Unité » (*Tai-i*), située symboliquement, comme nous l'avons vu plus haut, dans l'étoile polaire : « S'il faut donner un nom au *Tao* (bien qu'il ne puisse être

La réalisation des possibilités de l'être s'effectue ainsi par une activité qui est toujours intérieure, puisqu'elle s'exerce à partir du centre de chaque plan ; et d'ailleurs, métaphysiquement, il ne saurait y avoir d'action extérieure s'exerçant sur l'être total, car une telle action n'est possible qu'à un point de vue relatif et spécialisé, l'est comme celui de l'individu [1]. Cette réalisation elle-même est figurée dans les différents symbolismes par l'épanouissement, à la surface des « Eaux », d'une fleur qui est, le plus habituellement, le lotus dans les traditions orientales et la rose ou le lis dans les traditions occidentales [2] ; mais nous n'avons pas l'intention d'entrer ici dans le détail de ces diverses figurations, qui peuvent varier et se modifier dans une certaine mesure, en raison des adaptations multiples auxquelles elles se prêtent, mais qui, au fond, procèdent partout et toujours du même principe, avec certaines considérations secondaires qui sont surtout basées sur les nombres [3]. En tout cas, l'épanouissement dont il s'agit pourra être envisagé d'abord dans le plan central, c'est-à-dire dans le plan horizontal de réflexion du « Rayon Céleste », comme intégration de l'état d'être correspondant ; mais il s'étendra aussi hors de ce plan, à la totalité des états, suivant le développement indéfini, dans toutes les directions à partir du point central, du vortex sphérique universel dont nous avons

nommé), on l'appellera (comme équivalent approximatif) la « Grande Unité »... Les dix mille êtres sont produits par *Tai-i,* modifiés par *yin* et *yang.* » — En Occident, dans l'ancienne « Maçonnerie opérative », un fil à plomb, image de l'axe vertical, est suspendu en un point qui symbolise le pôle céleste. C'est aussi le point de suspension de la « balance » dont parlent diverses traditions (voir *Le Roi du Monde,* chap. x) ; et ceci montre que le « rien » (*Ain*) de la *Qabbalah* hébraïque correspond au « non-agir » (*wou-wei*) de la tradition extrême-orientale.

1 Nous aurons l'occasion de revenir plus loin sur la distinction de l'« intérieur » et de l'« extérieur », qui est encore symbolique, comme l'est ici toute localisation ; mais nous tenons à bien préciser que l'impossibilité d'une action extérieure ne s'applique qu'à l'être total et non à l'être individuel, et que ceci exclut le rapprochement qu'on pourrait être tenté de faire ici avec l'assertion, analogue en apparence, mais sans portée métaphysique, que le « monadisme » de Leibnitz implique à l'égard des « substances individuelles ».

2 Nous avons signalé ailleurs le rapport qui existe entre ces fleurs symboliques et la roue considérée comme symbole du monde manifesté (*Le Roi du Monde,* chap. II).

3 Nous avons vu plus haut que le nombre des rayons de la roue varie suivant les cas ; il en est de même de celui des pétales des fleurs emblématiques. Le lotus a le plus souvent huit pétales ; dans les figurations occidentales, on trouve notamment les nombres 5 et 6, qui se rapportent respectivement au « microcosme » et au « macrocosme ».

parlé précédemment ¹.

Chapitre XXV
L'ARBRE ET LE SERPENT

Si nous reprenons maintenant le symbole du serpent enroulé autour de l'arbre, dont nous avons dit quelques mots plus haut, nous constaterons que cette figure est exactement celle de l'hélice tracée autour du cylindre vertical de la présentation géométrique, que nous avons étudiée. L'arbre symbolisant l'« Axe du Monde » comme nous l'avons dit, le serpent figurera donc l'ensemble des cycles de la manifestation universelle ² ; et, en effet, le parcours des différents états est représenté, dans certaines traditions, comme une migration de l'être dans le corps de ce serpent ³. Comme ce parcours peut être envisagé suivant deux sens contraires, soit dans le sens ascendant, vers les états supérieurs, soit dans le sens descendant, vers les états inférieurs, les deux aspects opposés du symbolisme du serpent, l'un bénéfique et l'autre maléfique, s'expliquent par là d'eux-mêmes ⁴.

1 Sur le rôle du « Rayon Divin » dans la réalisation de l'être et le passage aux états supérieurs, voir aussi *L'Ésotérisme de Dante,* chap. VIII.
2 Il y a, entre cette figure et celle de l'*ouroboros*, c'est-à-dire du serpent qui se dévore la queue, le même rapport qu'entre l'hélice complète et la figure circulaire du yin-yang, dans laquelle une de ses spires prise à part est considérée comme plane ; l'*ouroboros* représente l'indéfinité d'un cycle envisagé isolément, indéfinité qui, pour l'état humain, et en raison de la présence de la condition temporelle, revêt l'aspect de la « perpétuité ».
3 On trouve notamment ce symbolisme dans la *Pistis Sophia* gnostique, où le corps du serpent est partagé suivant le Zodiaque et ses subdivisions, ce qui nous ramène d'ailleurs à la figure de l'*ouroboros,* car il ne peut s'agir, dans ces conditions, que du parcours d'un seul cycle, à travers les diverses modalités d'un même état ; dans ce cas, la migration envisagée pour l'être se limite donc aux prolongements de l'état individuel humain.
4 Parfois, le symbole se dédouble pour correspondre à ces deux aspects, et on a alors deux serpents enroulés en sens contraires autour d'un même axe, comme dans la figure du caducée. On trouve un équivalent de celui-ci dans certaines formes du bâton brahmanique (*Brahma-danda*), par un double enroulement de lignes mises respectivement en relation avec les deux sens de rotation du *swastika*. Ce symbolisme a d'ailleurs des applications multiples, que nous ne pouvons songer à développer ici ; une des plus importantes est celle qui concerne les courants subtils dans l'être humain (voir *L'Homme et son devenir selon le Vêdânta*, chap. XX, 3ᵉ éd.) ; l'analogie du « microcosme » et du « macrocosme » est d'ailleurs valable encore à ce point de

On trouve le serpent enroulé, non seulement autour de l'arbre, mais aussi autour de divers autres symboles de l'« Axe du Monde » [1], et particulièrement de la montagne, comme on le voit, dans la tradition hindoue, dans le symbolisme du « barattement de la mer » [2]. Ici, le serpent *Shêsha* ou *Ananta*, représentant l'indéfinité de l'Existence universelle, est enroulé autour du *Mêru*, qui est la « montagne polaire » [3], et il est tiré en sens contraires par les *Dêvas et les Asuras,* qui correspondent respectivement aux états supérieurs et inférieurs par rapport à l'état humain ; on aura alors les deux aspects bénéfique et maléfique suivant qu'on envisagera le serpent du côté des *Dêvas* ou du côté des *Asuras* [4]. D'autre part, si l'on interprète la signification de ceux-ci en termes de « bien » et de « mal », on a une correspondance évidente avec les deux côtés opposés de l'« Arbre de la Science » et des autres symboles similaires dont nous avons parlé précédemment [5].

---

vue particulier.

[1] On le trouve notamment autour de l'*omphalos,* ainsi que de certaines figurations de l'« Œuf du Monde » (voir *Le Roi du Monde,* chap. IX) ; nous avons signalé à ce propos la connexion qui existe généralement entre les symboles de l'arbre, de la pierre, de l'œuf et du serpent ; ceci donnerait lieu à des considérations intéressantes, mais qui nous entraîneraient beaucoup trop loin.

[2] Ce récit symbolique se trouve dans le *Râmâyana.*

[3] Voir *Le Roi du Monde,* chap. IX.

[4] On peut aussi rapporter ces deux aspects aux deux significations opposées que présente le mot *Asura* lui-même suivant la façon dont on le décompose : *asu-ra,* « qui donne la vie » ; *a-sura,* « non-lumineux ». C'est dans ce dernier sens seulement que les *Asuras* s'opposent aux *Dêvas,* dont le nom exprime la luminosité des sphères célestes ; dans l'autre sens, au contraire, ils s'y identifient en réalité (d'où l'application qui est faite de cette dénomination d'*Asuras,* dans certains textes védiques, à *Mitra* et à *Varuna*) ; il faut bien prendre garde à cette double signification pour résoudre les apparences de contradictions auxquelles elle peut donner naissance. — Si l'on applique à l'enchaînement des cycles le symbolisme de la succession temporelle, on comprend sans peine pourquoi il est dit que les *Asuras* sont antérieurs aux *Dêvas.* Il est au moins curieux de remarquer que, dans le symbolisme de la *Genèse* hébraïque, la création des végétaux avant celle des astres ou « luminaires » peut être rattachée à cette antériorité ; en effet, d'après la tradition hindoue, le végétal procède de la nature des *Asuras,* c'est-à-dire des états inférieurs par rapport à l'état humain, tandis que les corps célestes représentent naturellement les *Dêvas,* c'est-à-dire les états supérieurs. Ajoutons aussi, à cet égard, que le développement de l'« essence végétative » dans l'*Eden,* c'est le développement des germes provenant du cycle antécédent, ce qui répond encore au même symbolisme.

[5] Dans le symbolisme temporel, on a aussi une analogie avec les deux visages de *Janus,* en tant que l'un de ceux-ci est considéré comme tourné vers l'avenir et l'autre

Chapitre XXV

Il y a lieu d'envisager encore un autre aspect sous lequel le serpent, dans son symbolisme général, apparaît, sinon précisément comme maléfique (ce qui implique nécessairement la présence du corrélatif bénéfique, « bien » et « mal », comme les deux termes de toute dualité, ne pouvant se comprendre que l'un par l'autre), tout au moins comme redoutable, en tant qu'il figure l'enchaînement de l'être à la série indéfinie des cycles de manifestation [1]. Cet aspect correspond notamment au rôle du serpent (ou du dragon qui en est alors un équivalent) comme gardien de certains symboles d'immortalité dont il défend l'approche : c'est ainsi qu'on le voit enroulé autour de l'arbre aux pommes d'or du jardin des Hespérides, ou du hêtre de la forêt de Colchide auquel est suspendue la « toison d'or » ; il est évident que ces arbres ne sont pas autre chose que des formes de l'« Arbre de Vie », et que, par conséquent, ils représentent encore l'« Axe du Monde » [2].

Pour se réaliser totalement, il faut que l'être échappe à cet enchaînement cyclique et passe de la circonférence au centre, c'est-à-dire au point où l'axe rencontre le plan représentant l'état où cet être se trouve actuellement ; l'intégration de cet état étant tout d'abord effectuée par là même, la totalisation s'opérera ensuite, à partir de ce plan de base, suivant la direction même de l'axe vertical. Il est à remarquer que, tandis qu'il y a continuité entre tous les états envisagés dans leur parcours cyclique, comme nous l'avons expliqué précédemment, le passage au centre implique essentiellement une discontinuité dans le développement de l'être ; il peut, à cet égard,

---

vers le passé. Peut-être pourrons-nous quelque jour, dans une autre étude, montrer, d'une façon plus explicite que nous n'avons pu le faire jusqu'ici, le lien profond qui existe entre tous ces symboles des différentes formes traditionnelles.

1 C'est le *samsara* bouddhique, la rotation indéfinie de la « roue de vie », dont l'être doit se libérer pour atteindre le *Nirvana*. L'attachement à la multiplicité est aussi, en un sens, la « tentation » biblique, qui éloigne l'être de l'unité centrale originale et l'empêche d'atteindre le fruit de l'« Arbre de Vie » ; et c'est bien par là, en effet, que l'être est soumis à l'alternance des mutations cycliques, c'est-à-dire à la naissance et à la mort.

2 Il faut mentionner encore, à un point de vue assez proche de celui-là, les légendes symboliques qui, dans de nombreuses traditions, représentent le serpent ou le dragon comme gardien des « trésors cachés » ; ceux-ci sont en relation avec divers autres symboles forts importants, comme ceux de la « pierre noire » et du « feu souterrain » (voir *Le Roi du Monde*, chap. Ier et VII) ; c'est là encore un de ces nombreux points que nous ne pouvons qu'indiquer en passant, quitte à y revenir en quelque autre occasion.

être comparé à ce qu'est, au point de vue mathématique, le « passage à la limite » d'une série indéfinie en variation continue. En effet, la limite, étant par définition une quantité fixe, ne peut, comme telle, être atteinte dans le cours de la variation, même si celle-ci se poursuit indéfiniment ; n'étant pas soumise à cette variation, elle n'appartient pas à la série dont elle est le terme, et il faut sortir de cette série pour y parvenir. De même, il faut sortir, de la série indéfinie des états manifestés et de leurs mutations pour atteindre l'« Invariable Milieu », le point fixe et immuable qui commande le mouvement sans y participer, comme la série mathématique tout entière est, dans sa variation, ordonnée par rapport à sa limite, qui lui donne ainsi sa loi, mais est elle-même au-delà de cette loi. Pas plus que le passage à la limite, ni que l'intégration qui n'en est d'ailleurs en quelque sorte qu'un cas particulier, la réalisation métaphysique ne peut s'effectuer « par degrés » ; elle est comme une synthèse qui ne peut être précédée d'aucune analyse, et en vue de laquelle toute analyse serait d'ailleurs impuissante et de portée rigoureusement nulle.

  Il y a dans la doctrine islamique un point intéressant et important en connexion avec ce qui vient d'être dit : le « chemin droit » (*Eççirâtul-mustaqîm*) dont il est parlé dans la *fâtiha* (littéralement « ouverture ») ou première *sûrat* du *Qorân* n'est pas autre chose que l'axe vertical pris dans son sens ascendant, car sa « rectitude » (identique au *Te* de Lao-tseu) doit, d'après la racine même du mot qui la désigne (*qâm*, « se lever »), être envisagée suivant la direction verticale. On peut dès lors comprendre facilement la signification du dernier verset, dans lequel ce « chemin droit » est défini comme « chemin de ceux sur qui Tu répands Ta grâce, non de ceux sur qui est Ta colère ni de ceux qui sont dans l'erreur » *(çirâta elladhîna anamta alayhim, ghayri el-maghdûbi alayhim wa là ed-dâllîn).* Ceux sur qui est la « grâce » divine [1], ce sont ceux qui reçoivent directement l'influence de l'« Activité du Ciel », et qui sont conduits par elle aux états supérieurs et à la réalisation totale, leur être étant en conformité avec le Vouloir universel. D'autre part, la « colère » étant en opposition directe avec la « grâce », son action doit s'exercer aussi suivant l'axe vertical, mais avec l'effet inverse, le faisant

---

1 Cette « grâce » est l'« effusion de rosée » qui dans, la *Qabbcdah* hébraïque, est mise en rapport direct avec l'« Arbre de Vie » (voir *Le Roi du Monde,* chap. III).

parcourir dans le sens descendant, vers les états inférieurs [1] : c'est la voie « infernale » s'opposant à la voie « céleste », et ces deux voies sont les deux moitiés inférieures et supérieur de l'axe vertical, à partir du niveau correspondant à l'état humain. Enfin, ceux qui sont dans l'« erreur », au sens propre et étymologique de ce mot, ce sont ceux qui, comme c'est le cas de l'immense majorité des hommes, attirés et retenus par la multiplicité, errent indéfiniment dans les cycles de la manifestation, représentés par les spires du serpent enroulé autour de l'« Arbre du milieu » [2].

Rappelons encore, à ce propos, que le sens propre du mot *Islam* est « soumission à la Volonté divine » [3] ; c'est pourquoi il est dit, dans certains enseignements ésotériques, que tout être est *muslim*, en ce sens qu'il n'en est évidemment aucun qui puisse se soustraire à cette Volonté, et que, par conséquent, chacun occupe nécessairement la place qui lui est assignée dans l'ensemble de l'Univers. La distinction des êtres en « fidèles » (*mûminîn*) et « infidèles » (*kuffâr*) [4] consiste donc seulement en ce que les premiers se conforment consciemment et volontairement à l'ordre universel, tandis que, parmi les seconds, il en est qui n'obéissent à la loi que contre leur gré, et d'autres qui sont dans l'ignorance pure et simple. Nous retrouvons ainsi les trois catégories d'êtres que nous venons d'avoir à envisager ; les « fidèles » sont ceux qui suivent le « chemin droit »,

---

[1] Cette descente directe de l'Être suivant l'axe vertical est représentée notamment par la « chute des anges » ; ceci, quand il s'agit des êtres humains, ne peut évidemment correspondre qu'à un cas exceptionnel, et un tel être est dit *Waliyush-Shaytân*, parce qu'il est en quelque sorte l'inverse du « saint » ou *Waliyur-Rahman*.

[2] Ces trois catégories d'êtres pourraient être désignées respectivement comme les « élus », les « rejetés » et les « égarés » ; il y a lieu de remarquer qu'elles correspondent exactement aux trois *gunas* : la première à *sattwa*, la seconde à *tamas*, et la troisième à *rajas*. — Certains commentateurs exotériques du *Qorân* ont prétendu que les « rejetés » étaient les Chrétiens ; mais c'est là une interprétation étroite, fort contestable même au point de vue exotérique, et qui, en tout cas, n'a évidemment rien d'une explication selon la *haqîqah*. — Au sujet de la première des trois catégories dont il s'agit ici, nous devons signaler que l'« Elu » (*El-Mustafâ*) est, dans l'Islam, une désignation appliquée au Prophète et, au point de vue ésotérique, à 1 « Homme Universel ».

[3] Voir *Le Roi du Monde*, chap. VI. nous avons signalé alors l'étroite parenté de ce mot avec ceux qui désignent le « salut » et la « paix » (*Es-salâm*).

[4] Cette distinction ne concerne pas seulement les hommes, car elle est appliquée aussi aux *Jinns* par la tradition islamique ; en réalité, elle est applicable à tous les êtres.

qui est le lieu de la « paix », et leur conformité au Vouloir universel fait d'eux les véritables collaborateurs du « plan divin ».

Chapitre XXVI
INCOMMENSURABILITÉ
DE L'ÊTRE TOTAL ET DE L'INDIVIDUALITÉ

Nous devons maintenant insister sur un point qui, pour nous, est d'une importance capitale : c'est que la conception traditionnelle de l'être, telle que nous l'exposons ici, diffère essentiellement, dans son principe même et par ce principe, de toutes les conceptions anthropomorphiques et géocentriques dont la mentalité occidentale s'affranchit si difficilement. Nous pourrions même dire qu'elle en diffère infiniment, et ce ne serait point là un abus de langage comme il arrive dans la plupart des cas où l'on emploie communément, ce mot, mais bien, au contraire, une expression plus juste que toute autre, et plus adéquate à la conception à laquelle nous l'appliquons, car celle-ci est proprement illimitée. La métaphysique pure ne saurait en aucune façon admettre l'anthropomorphisme [1] ; si celui-ci semble parfois s'introduire dans l'expression, ce n'est là qu'une apparence tout extérieure, d'ailleurs inévitable dans une certaine mesure dès lors que, si l'on veut exprimer quelque chose, il faut nécessairement se servir du langage humain. Ce n'est donc là qu'une conséquence de l'imperfection qui est forcément inhérente à toute expression, quelle qu'elle soit, en raison de sa limitation même ; et cette conséquence est admise seulement à titre d'indulgence en quelque sorte, de concession provisoire et accidentelle à la faiblesse de l'entendement humain individuel, à son insuffisance pour atteindre ce qui dépasse le domaine de l'individualité. Il se produit déjà, du fait de cette insuffisance, quelque chose de ce genre, avant toute expression extérieure, dans l'ordre de la pensée formelle (qui, du reste, apparaît aussi comme une expression si on l'envisage par rapport à l'informel) : toute idée à laquelle on pense avec intensité finit par « se figurer », par prendre en quelque façon une forme humaine, celle même du penseur ; on dirait que, suivant une comparaison fort

---

1 Sur cette question, voir *Introduction générale à l'étude des doctrines hindoues,* 3ᵉ partie, chap. VII.

expressive de Shankarâchârya, « la pensée coule dans l'homme comme le métal en fusion se répand, dans le moule du fondeur ». L'intensité même de la pensée [1] fait qu'elle occupe l'homme tout entier, d'une manière analogue à celle dont l'eau remplit un vase jusqu'aux bords ; elle prend donc la forme de ce qui la contient et la limite, c'est-à-dire, en d'autres termes, qu'elle devient anthropomorphe. C'est là, encore une fois, une imperfection à laquelle l'être individuel, dans les conditions restreintes et particularisées de son existence, ne peut guère échapper ; à la vérité, ce n'est même pas en tant qu'individu qu'il le peut, bien qu'il doive y tendre, car l'affranchissement complet d'une telle limitation ne s'obtient que dans les états extra-individuels et supra-individuels, c'est-à-dire informels, atteints au cours de la réalisation effective de l'être total.

Ceci étant dit pour prévenir toute objection possible à cet égard, il est évident qu'il ne peut y avoir aucune commune mesure entre, d'une part, le « Soi », envisagé comme la totalisation de l'être s'intégrant suivant trois dimensions de la croix, pour se réintégrer finalement en son Unité première, réalisée dans cette plénitude même de l'expansion que symbolise l'espace tout entier, et, d'autre part, une modification individuelle quelconque, représentée par un élément infinitésimal du même espace, ou même l'intégralité d'un état, dont la figuration plane (ou du moins considérée comme plane avec les restrictions que nous avons faites, c'est-à-dire tant que l'on envisage cet état isolément) comporte encore un élément infinitésimal par rapport à l'espace à trois dimensions, puisque, en situant cette figuration dans l'espace (c'est-à-dire dans l'ensemble de tous les états d'être), son plan horizontal doit être regardé comme se déplaçant effectivement d'une quantité infinitésimale suivant la direction de l'axe vertical [2]. Puisqu'il s'agit d'éléments infinitésimaux, même dans un symbolisme géométrique forcément

---

[1] Il est bien entendu que ce mot d'« intensité » ne doit pas être pris ici dans un sens quantitatif, et aussi que, la pensée n'étant pas soumise à la condition spatiale, sa forme n'est aucunement « localisable » ; c'est dans l'ordre subtil qu'elle se situe, non dans l'ordre corporel.

[2] Nous rappelons que la question de la distinction fondamentale du « Soi » et du « Moi », c'est-à-dire en somme de l'être total et de l'individualité, que nous avons résumée au début de la présente étude, a été traitée plus complètement dans *L'Homme et son devenir selon le Vêdânta*, chap. II.

restreint et limité, on voit que, en réalité et *a fortiori,* c'est bien là, pour ce qui est symbolisé respectivement par les deux termes que nous venons de comparer entre eux, une incommensurabilité absolue, ne dépendant d'aucune convention plus ou moins arbitraire, comme l'est toujours le choix de certaines unités relatives dans les mesures quantitatives ordinaires. D'autre part, quand il s'agit de l'être total, un indéfini est pris ici pour symbole de l'Infini, dans la mesure où il est permis de dire que l'Infini peut être symbolisé ; mais il est bien entendu que ceci ne revient nullement à les confondre comme le font assez habituellement les mathématiciens et les philosophes occidentaux. « Si nous pouvons prendre l'indéfini comme image de l'infini, nous ne pouvons appliquer à l'Infini les raisonnements de l'indéfini ; le symbolisme descend et ne remonte point [1]. »

Cette intégration ajoute une dimension à la représentation spatiale correspondante ; on sait en effet que, en partant de la ligne qui est le premier degré de l'indéfinité dans l'étendue, l'intégrale simple correspond au calcul d'une surface, et l'intégrale double au calcul d'un volume. Donc, s'il a fallu une première intégration pour passer de la ligne à la surface, qui est mesurée par la croix à deux dimensions décrivant le cercle indéfini qui ne se ferme pas (ou la spirale plane envisagée simultanément dans toutes ses positions possibles), il faut une seconde intégration pour passer de la surface au volume dans lequel la croix à trois dimensions produit, par l'irradiation de son centre suivant toutes les directions de l'espace où il s'est situé, le sphéroïde indéfini dont un mouvement vibratoire nous donne l'image, le volume toujours ouvert en tous sens qui symbolise le vortex universel de la « Voie ».

Chapitre XXVII
PLACE DE L'ÉTAT INDIVUDUEL HUMAIN DANS L'ENSEMBLE DE L'ÊTRE

D'après ce que nous avons dit dans le chapitre précédent au sujet de l'anthropomorphisme, il est clair que l'individualité humaine, même envisagée dans son intégralité (et non pas restreinte à la seule modalité corporelle), ne saurait avoir une place privilégiée

---
[1] Matgioi, *La Voie Métaphysique,* p. 99.

et « hors série » dans la hiérarchie indéfinie des états de l'être total ; elle y occupe son rang comme n'importe lequel des autres états et au même titre exactement, sans rien de plus ni de moins, conformément à la loi d'harmonie qui régit les rapports de tous les cycles de l'Existence universelle. Ce rang est déterminé par les conditions particulières qui caractérisent l'état dont il s'agit et en délimitent le domaine ; et, si nous ne pouvons le connaître actuellement, c'est qu'il ne nous est pas possible, en tant qu'individus humains, de sortir de ces conditions pour les comparer à celles des autres états, dont les domaines nous sont forcément inaccessibles ; mais il nous suffit évidemment, toujours comme individus, de comprendre que le rang est ce qu'il doit être et ne peut pas être autre qu'il est, chaque chose étant rigoureusement à la place qu'elle doit occuper comme élément de l'ordre total. En outre, en vertu de cette même loi d'harmonie à laquelle nous venons de faire allusion, « l'hélice évolutive étant régulière partout et en tous ses points, le passage d'un état à un autre se fait aussi logiquement et aussi simplement que le passage d'une situation (ou modification) à une autre dans l'intérieur d'un même état »[1], sans que, à ce point de vue tout au moins, il y ait nulle part dans l'Univers la moindre solution de continuité.

Si nous devons cependant faire une restriction en ce qui concerne la continuité (sans laquelle la causalité universelle ne saurait être satisfaite, car elle exige que tout s'enchaîne sans aucune interruption), c'est que, comme nous l'avons indiqué plus haut, il y a, à un point de vue autre que celui du parcours des cycles, un moment de discontinuité dans le développement de l'être ; ce moment qui a un caractère absolument unique, c'est celui où se produit, sous l'action du « Rayon Céleste » opérant sur un plan de réflexion, la vibration qui correspond au *Fiat Lux* cosmogonique et qui illumine, par son irradiation, tout le chaos des possibilités. À partir de ce moment, l'ordre succède au chaos, la lumière aux ténèbres, l'acte à la puissance, la réalité à la virtualité ; et, lorsque cette vibration a atteint son plein effet en s'amplifiant et se répercutant jusqu'aux confins de l'être, celui-ci, ayant dès lors réalisé sa plénitude totale, n'est évidemment plus assujetti à parcourir tel ou tel cycle particulier, puisqu'il les embrasse tous dans la parfaite simultanéité

---

[1] Matgioi, *La Voie Métaphysique,* pp. 96-97.

d'une compréhension synthétique et « non-distinctive ». C'est là ce qui constitue à proprement parler la « transformation », conçue comme impliquant le « retour des êtres en modification dans l'Être immodifié », en dehors et au-delà de toutes les conditions spéciales qui définissent les degrés de l'Existence manifestée. « La modification, dit le sage Shi-ping-wen, est le mécanisme qui produit tous les êtres ; la transformation est le mécanisme dans lequel s'absorbent tous les êtres [1]. »

Cette « transformation » au sens étymologique de passage au-delà de la forme), par laquelle s'effectue la réalisation de l'« Homme Universel », n'est pas autre chose que la « Délivrance » (en sanscrit *Moksha* ou *Mukti*) [2] dont nous avons parlé ailleurs ; elle requiert, avant tout, la détermination préalable d'un plan de réflexion du « Rayon Céleste », de telle sorte que l'état correspondant devienne par là même l'état central de l'être. D'ailleurs, cet état, en principe, peut être quelconque, puisque tous sont parfaitement équivalents quand ils sont envisagés de l'Infini ; et le fait que l'état humain n'est en rien distingué parmi les autres comporte évidemment, pour lui aussi bien que pour n'importe quel autre état, la possibilité de devenir cet état central. La « transformation » peut donc être atteinte à partir de l'état humain pris comme base, et même à partir de toute modalité de cet état, ce qui revient à dire qu'elle est notamment possible pour l'homme corporel et terrestre ; en d'autres termes, et comme nous l'avons dit en son lieu [3], la « Délivrance » peut s'obtenir « dans la vie » *(jîvan-mukti),* ce qui n'empêche pas qu'elle implique essentiellement, pour l'être qui l'obtient ainsi comme dans tout autre cas, la libération absolue et complète des conditions limitatives de toutes les modalités et de tous les états.

Pour ce qui est du processus effectif de développement qui permet à l'être de parvenir, après avoir traversé certaines phases préliminaires, à ce moment précis où s'opère la « transformation », nous n'avons nullement l'intention d'en parler ici, car il est évident que sa description, même sommaire, ne saurait rentrer dans le cadre

---

1 *Ibid.,* p. 76. — Pour que l'expression soit correcte, il faudrait remplacer ici par « processus » le mot tout à fait impropre de « mécanisme », emprunté assez malencontreusement par Matgioi à la traduction du *Yi-king* de Philastre.
2 *L'Homme et son devenir selon le Vêdânta,* chap. XVII, 3ᵉ éd.
3 *Ibid.,* chap. XVIII, 3ᵉ éd.

d'une étude comme celle-ci, dont le caractère doit rester purement théorique. Nous avons seulement voulu indiquer quelles sont les possibilités de l'être humain, possibilités qui, d'ailleurs, sont nécessairement, sous le rapport de la totalisation, celles de l'être en chacun de ses états, puisque ceux-ci ne sauraient maintenir entre eux aucune différenciation au regard de l'Infini, où réside la Perfection.

Chapitre XXVIII
LA GRANDE TRIADE

En rapprochant les dernières considérations de ce que nous avons dit au début, on peut se rendre compte aisément que la conception traditionnelle de l'« Homme Universel » n'a en réalité, malgré sa désignation, absolument rien d'anthropomorphique ; mais, si tout anthropomorphisme est nettement antimétaphysique et doit être rigoureusement écarté comme tel, il nous reste à préciser en quel sens et dans quelles conditions un certain anthropocentrisme peut, par contre, être regardé comme légitime [1]. Tout d'abord, comme nous l'avons indiqué, l'humanité, au point de vue cosmique, joue réellement un rôle « central » par rapport au degré de l'Existence auquel elle appartient, mais seulement par rapport à celui-là, et non pas, bien entendu, à l'ensemble de l'Existence universelle, dans lequel ce degré n'est qu'un quelconque parmi une multitude indéfinie, sans rien qui lui confère une situation spéciale par rapport aux autres. À cet égard, il ne peut donc être question d'anthropocentrisme que dans un sens restreint et relatif, mais cependant suffisant pour justifier la transposition analogique à laquelle donne lieu la notion de l'homme, et, par conséquent, la dénomination même de l'« Homme Universel ».

À un autre point de vue, nous avons vu que tout individu humain, aussi bien d'ailleurs que toute manifestation d'un être dans un état quelconque, a en lui-même la possibilité de se faire centre par rapport à l'être total ; on peut donc dire qu'il l'est en quelque

---

[1] Il faut d'ailleurs ajouter que cet anthropocentrisme n'a aucune solidarité nécessaire avec le géocentrisme, contrairement à ce qui se produit dans certaines conceptions « profanes » ; ce qui pourrait faire commettre des méprises à cet égard, c'est que la terre est parfois prise pour symboliser l'état corporel tout entier ; mais il va de soi que l'humanité terrestre n'est pas toute l'humanité.

sorte virtuellement, et que le but qu'il doit se proposer, c'est de faire de cette virtualité une réalité actuelle. Il est donc permis à cet être, avant même cette réalisation, et en vue de celle-ci, de se placer en quelque sorte idéalement au centre [1] ; du fait qu'il est dans l'état humain, sa perspective particulière donne naturellement à cet état une importance prépondérante, contrairement à ce qui a lieu quand on l'envisage du point de vue de la métaphysique pure, c'est-à-dire de l'Universel ; et cette prépondérance se trouvera pour ainsi dire justifiée *a posteriori* dans le cas où cet être, prenant effectivement l'état en question pour point de départ et pour base de sa réalisation, en fera véritablement l'état central de sa totalité, correspondant au plan horizontal de coordonnées dans notre représentation géométrique. Ceci implique tout d'abord la réintégration de l'être considéré au centre même de l'état humain, réintégration en laquelle consiste proprement la restitution de l'« état primordial », et ensuite, pour ce même être, l'identification du centre humain lui-même avec le centre universel ; la première de ces deux phases est la réalisation de l'intégralité de l'état humain, et la seconde est celle de la totalité de l'être.

Suivant la tradition extrême-orientale, l'« homme véritable » *(tchenn-jen)*, est celui qui, ayant réalisé le retour à l'« état primordial », et par conséquent la plénitude de l'humanité, se trouve désormais établi définitivement dans l'« Invariable Milieu », et échappe déjà par là même aux vicissitudes de la « roue des choses ». Au-dessus de ce degré est l'« homme transcendant » *(cheun-jen)*, qui à proprement parler n'est plus un homme, puisqu'il a dépassé l'humanité et est entièrement affranchi de ses conditions spécifiques : c'est celui qui est parvenu à la réalisation totale, à l'« Identité Suprême » ; celui-là est donc véritablement devenu l'« Homme Universel ». Il n'en est pas ainsi pour l'« homme véritable », mais cependant on peut dire que celui-ci est tout au moins virtuellement l'« Homme Universel », en ce sens que, dès lors qu'il n'a plus à parcourir d'autres états en mode distinctif, puisqu'il est passé de la circonférence au centre, l'état humain devra nécessairement être pour lui l'état central de l'être total, bien qu'il ne le soit pas encore

---

1 Il y a ici quelque chose de comparable à la façon dont Dante, suivant un symbolisme temporel et non plus spatial, se situe lui-même au milieu de la « grande année » pour accomplir son voyage à travers les « trois mondes » (voir *L'Esotérisme de Dante*, chap. VIII).

d'une façon effective [1].

Ceci permet de comprendre en quel sens doit être entendu le terme intermédiaire de la « Grande Triade » qu'envisage la tradition extrême-orientale : les trois termes sont le « Ciel » (*Tien*), la « Terre » (*Ti*) et l'« Homme » *(Jen),* ce dernier jouant en quelque sorte un rôle de « médiateur » entre les deux autres, comme unissant en lui leurs deux natures. Il est vrai que, même en ce qui concerne l'homme individuel, on peut dire qu'il participe réellement du « Ciel » et de la « Terre », qui sont la même chose que *Purusha* et *Pra-kriti,* les deux pôles de la manifestation universelle ; mais il n'y a là rien qui soit spécial au cas de l'homme, car il en est nécessairement de même pour tout être manifesté. Pour qu'il puisse remplir effectivement à l'égard de l'Existence universelle, le rôle dont il s'agit, il faut que l'homme soit parvenu à se situer au centre de toutes choses, c'est-à-dire qu'il ait atteint tout au moins l'état de l'« homme véritable » ; encore ne l'exerce-t-il alors effectivement que pour un degré de l'Existence ; et c'est seulement dans l'état de l'« homme transcendant » que cette possibilité est réalisée dans sa plénitude. Ceci revient à dire que le véritable « médiateur », en qui l'union du « Ciel » et de la « Terre » est pleinement accomplie par la synthèse de tous les états, est l'Homme Universel », qui est identique au Verbe ; et, notons-le en passant, beaucoup de points des traditions occidentales, même dans l'ordre simplement théologique, pourraient trouver par là leur explication la plus profonde [2].

---

1 La différence entre ces deux degrés est la même qu'entre ce que nous avons appelé ailleurs l'immortalité virtuelle et l'immortalité actuellement réalisée (*L'Homme et son devenir selon le Vêdânta,* chap. XVIII, 3ᵉ éd.) : ce sont les deux stades que nous avons distingués dès le début dans la réalisation de l'« Identité Suprême ». — l'« homme véritable » correspond, dans la terminologie arabe, à l'« Homme Primordial » (*El-Insânul-qadîm*), et l'« homme transcendant » à l'« homme Universel » *(El Insânul-Kâmil).* — Sur les rapports de l'« homme véritable » et de l'« homme transcendant », cf. *La Grande Triade,* chap. XVIII.

2 L'union du « Ciel » et de la « Terre » est la même chose que l'union des deux natures divine et humaine dans la personne du Christ, en tant que celui-ci est considéré comme l'« Homme Universel ». Parmi les anciens symboles du Christ se trouve l'étoile à six branches, c'est-à-dire le double triangle du « sceau de Salomon », (cf. *Le Roi du Monde,* chap. IV) ; or, dans le symbolisme d'une école hermétique à laquelle se rattachaient Albert le Grand et saint Thomas d'Aquin, le triangle droit représente la Divinité, et le triangle inversé la nature humaine (« faite à l'image de Dieu », comme son reflet en sens inverse dans le « miroir des Eaux ») de sorte que l'union des deux triangles figure celle des deux natures *(Lâhût* et *Nâsût* dans l'ésoté-

D'autre part, le « Ciel » et la « Terre » étant deux principes complémentaires, l'un actif et l'autre passif, leur union peut être représentée par la figure de l'« Androgyne », et ceci nous ramène à quelques-unes des considérations que nous avons indiquées dès le début en ce qui concerne l'« Homme Universel ». Ici encore, la participation des deux principes existe pour tout être manifesté, et elle se traduit en lui par la présence des deux termes *yang* et *yin,* mais en proportions diverses et toujours avec prédominance de l'un ou de l'autre ; l'union parfaitement équilibrée de ces deux termes ne peut être réalisée que dans l'« état primordial »[1]. Quant à l'état total, il ne peut plus y être question d'aucune distinction du *yang* et du *yin,* qui sont alors rentrés dans l'indifférenciation principielle ; on ne peut donc même plus parler ici de l'« Androgyne », ce qui implique déjà une certaine dualité dans l'unité même, mais seulement de la « neutralité » qui est celle de l'Être considéré en soi-même, au-delà de la distinction de l'« essence » et de la « substance », du « Ciel » et de la « Terre », de *Purusha* et de *Prakriti.*

---

risme islamique). Il est à remarquer, au point de vue spécial de l'hermétisme, que le ternaire humain : *spiritus, anima, corpus,* est en correspondance avec le ternaire des principes alchimiques : « soufre, mercure, sel ». — D'autre part, au point de vue du symbolisme numérique, le « sceau de Salomon » est la figure du nombre 6, qui est le nombre « conjonctif » (la lettre *vau* en hébreu et en arabe), le nombre de l'union et de la médiation ; c'est aussi le nombre de la création, et, comme tel, il convient encore au Verbe *per quem omnia fada sunt*. Les étoiles à cinq et six branches représentent respectivement le « microcosme » et le « macrocosme », et aussi l'homme individuel (lié aux cinq conditions de son état, auxquelles correspondent les cinq sens et les cinq éléments corporels) et l'« Homme Universel » ou le *Logos.* Le rôle du Verbe, par rapport à l'Existence universelle, peut encore être précisé par l'adjonction de la croix tracée à l'intérieur de la figure du « sceau de Salomon » : la branche verticale relie les sommets des deux triangles opposés, ou les deux pôles de la manifestation, et la branche horizontale représente la « surface des Eaux ». — Dans la tradition extrême-orientale, on rencontre un symbole qui, tout en différant du « sceau de Salomon » par la disposition, lui est numériquement équivalent : six traits parallèles, pleins ou brisés suivant les cas (les soixante-quatre « hexagrammes » de Wen-wang dans le *Yi-king,* chacun d'eux étant formé par la superposition de deux des huit *koua* ou « trigrammes » de Fo-hi), constituent les « graphiques du Verbe » (en rapport avec le symbolisme du Dragon) ; et ils représentent aussi l'« Homme » comme terme moyen de la « Grande Triade » (le « trigramme » supérieur correspondant au « Ciel » et le « trigramme » inférieur à la « Terre », ce qui les identifie respectivement aux deux triangles droits et inversés du « sceau de Salomon »).

1 C'est pourquoi les deux moitiés du *yin-yang* constituent par leur réunion la forme circulaire complète (qui correspond dans le plan à la forme sphérique dans l'espace à trois dimensions).

C'est donc seulement par rapport à la manifestation que le couple *Paru-sha-Prakriti* peut être, comme nous le disons plus haut, identifié à l'« Homme Universel »[1] ; et c'est aussi à ce point de vue, évidemment, que celui-ci est le « médiateur » entre le « Ciel » et la « Terre », ces deux termes eux-mêmes disparaissant dès qu'on passe au-delà de la manifestation[2].

Chapitre XXIX
LE CENTRE ET LA CIRCONFÉRENCE

Les considérations que nous avons exposées ne nous conduisent nullement, comme certains pourraient le croire à tort si nous ne prenions la précaution d'y insister quelque peu, à envisager l'espace comme « une sphère dont le centre est partout et la circonférence nulle part », suivant la formule souvent citée de Pascal, qui, du reste, n'en est peut-être pas le premier inventeur. En tout cas, nous ne voulons pas rechercher ici dans quel sens précis Pascal lui-même entendait cette phrase, qui a pu être mal interprétée ; cela nous importe peu, car il est bien évident que l'auteur des trop célèbres considérations sur les « deux infinis », malgré ses mérites incontestables à d'autres égards, ne possédait aucune connaissance d'ordre métaphysique[3].

Dans la représentation spatiale de l'être total, il est vrai, sans doute,

---

[1] Ce que nous disons ici de la véritable place de l'« Androgyne » dans la réalisation de l'être et de ses rapports avec l'« état primordial » explique le rôle important que cette conception joue dans l'hermétisme, dont les enseignements se réfèrent au domaine cosmologique, ainsi qu'aux extensions de l'état humain dans l'ordre subtil, c'est-à-dire en somme à ce qu'on peut appeler le « monde intermédiaire », qu'il ne faut pas confondre avec le domaine de la métaphysique pure.

[2] On peut comprendre par là de sens supérieur de cette phrase de l'Évangile : « Le ciel et la terre passeront, mais mes paroles ne passeront point. » Le Verbe en lui-même, et par conséquent l'« Homme Universel » qui lui est identique, est au-delà de la distinction du « Ciel » et de la « Terre » ; il demeure donc éternellement tel qu'il est, dans sa plénitude d'être, alors que toute manifestation et toute différenciation (c'est-à-dire tout l'ordre des existences contingentes) se sont évanouies dans la « transformation » totale.

[3] Une pluralité d'infinis est évidemment impossible, car ils se limiteraient l'un l'autre, de sorte qu'aucun d'eux ne serait réellement infini ; Pascal, comme beaucoup d'autres, confond l'infini avec l'indéfini, celui-ci étant entendu quantitativement et pris dans les deux sens opposés des grandeurs croissantes et décroissantes.

que chaque point, avant toute détermination, est, en puissance, centre de l'être que représente cette étendue où il est situé ; mais il ne l'est qu'en puissance et virtuellement, tant que le centre réel n'est pas effectivement déterminé. Cette détermination implique, pour le centre, une identification à la nature même du point principiel, qui, en soi, n'est à proprement parler nulle part, puisqu'il n'est pas soumis à la condition spatiale, ce qui lui permet d'en contenir toutes les possibilités ; ce qui est partout, au sens spatial, ce ne sont donc que les manifestations de ce point principiel, qui remplissent en effet l'étendue tout entière, mais qui ne sont que de simples modalités, de telle sorte que l'« ubiquité » n'est en somme que le substitut sensible de l'« omniprésence » véritable [1]. De plus, si le centre de l'étendue s'assimile en quelque façon tous les autres points par la vibration qu'il leur communique, ce n'est qu'en tant qu'il les fait participer de la même nature indivisible et inconditionnée qui est devenue la sienne propre, et cette participation, pour autant qu'elle est effective, les soustrait par là même à la condition spatiale.

Il y a lieu, en tout ceci, de tenir compte d'une loi générale élémentaire que nous avons déjà rappelée en diverses occasions et qu'on ne devrait jamais perdre de vue, encore que certains paraissent l'ignorer presque systématiquement : c'est que, entre le fait ou l'objet sensible (ce qui est au fond la même chose) que l'on prend pour symbole et l'idée ou plutôt le principe métaphysique que l'on veut symboliser dans la mesure où il peut l'être, l'analogie est toujours inversée, ce qui est d'ailleurs le cas de la véritable analogie [2]. Ainsi, dans l'espace considéré dans sa réalité actuelle, et non plus comme symbole de l'être, aucun point n'est et ne peut être centre ; tous les points appartiennent également au domaine de la manifestation, par le fait même qu'ils appartiennent à l'espace, qui est une des possibilités dont la réalisation est comprise dans ce domaine, lequel, dans son ensemble, ne constitue rien de plus que la circonférence de la « roue des choses », ou ce que nous pouvons appeler l'extériorité de l'Existence universelle. Parler ici d'« intérieur » et d'« extérieur » est d'ailleurs encore, aussi bien que de parler de centre et de circonférence, un langage symbolique, et même d'un symbolisme spatial ; mais l'impossibilité de se passer

1 Voir *L'Homme et son devenir selon le Vêdânta*, chap. XXV, 3ᶜ éd.
2 On pourra, à ce propos, se reporter à ce que nous avons dit au début sur l'analogie de l'homme individuel et de l'« Homme Universel ».

Chapitre XXIX

de tels symboles ne prouve pas autre chose que cette inévitable imperfection de nos moyens d'expression que nous avons déjà signalée plus haut. Si nous pouvons, jusqu'à un certain point, communiquer nos conceptions à autrui, dans le monde manifesté et formel (puisqu'il s'agit d'un état individuel restreint, hors duquel il ne pourrait d'ailleurs plus être même question d'« autrui » à proprement parler, tout au moins au sens « séparatif » qu'implique ce mot dans le monde humain), ce n'est évidemment qu'à travers des figurations manifestant ces conceptions dans certaines formes, c'est-à-dire par des correspondances et des analogies ; c'est là le principe et la raison d'être de tout symbolisme, et toute expression, quel qu'en soit le mode, n'est en réalité pas autre chose qu'un symbole [1]. Seulement, « gardons-nous bien de confondre la chose (ou l'idée) avec la forme détériorée sous laquelle nous pouvons seulement figurer, et peut-être même la comprendre (en tant qu'individus humains) ; car les pires erreurs métaphysiques (ou plutôt antimétaphysiques) sont issues de l'insuffisante compréhension et de la mauvaise interprétation des symboles. Et rappelons-nous toujours le dieu Janus, qui est représenté avec deux figures, et qui cependant n'en a qu'une, qui n'est ni l'une ni l'autre de celles que nous pouvons toucher ou voir » [2]. Cette image de Janus pourrait s'appliquer très exactement à la distinction de l'« intérieur » et de l'« extérieur », tout aussi bien qu'à la considération du passé et de l'avenir ; et le visage unique, que nul être relatif et contingent ne peut contempler sans être sorti de sa condition bornée, ne saurait être mieux comparé qu'au troisième œil de *Shiva*, qui voit toutes choses dans l'« éternel présent » [3].

Dans ces conditions, et avec les restrictions qui s'imposent d'après ce que nous venons de dire, nous pouvons, et nous devons même, pour conformer notre expression au rapport normal de toutes les analogies (que nous appellerions volontiers, en termes géométriques, un rapport d'homothétie inverse), renverser l'énoncé de la formule de Pascal que nous avons rappelée plus haut. C'est d'ailleurs ce que nous avons trouvé dans un des textes taoïstes que nous avons cités précédemment. « Le point qui est le pivot de la

---
1 Voir *Introduction générale à l'étude des doctrines hindoues*, 2ᵉ partie, chap. VII.
2 Matgioi, *La Voie Métaphysique*, pp. 21-22.
3 Voir *L'Homme et son devenir selon le Védânta*, chap. XX, 3ᵉ éd., et *Le Roi du Monde*, chap. V.

norme est le centre immobile d'une circonférence sur le contour de laquelle roulent toutes les contingences, les distinctions et les individualités [1]. » À première vue, on pourrait presque croire que les deux images sont comparables, mais en réalité, elles sont exactement inverses l'une et l'autre ; en somme, Pascal s'est laissé entraîner par son imagination de géomètre, qui l'a amené à renverser les véritables rapports, tels qu'on doit les envisager au point de vue métaphysique. C'est le centre qui n'est proprement nulle part, puisque, comme nous l'avons dit, il est essentiellement « non-localisé » ; il ne peut être trouvé en aucun lieu de la manifestation, étant absolument transcendant par rapport à celle-ci, tout en étant intérieur à toutes choses. Il est au-delà de tout ce qui peut être atteint par les sens et par les facultés qui procèdent de l'ordre sensible : « Le Principe ne peut être atteint ni par la vue ni par l'ouïe... Le Principe ne peut pas être entendu ; ce qui s'entend, ce n'est pas Lui. Le Principe ne peut pas être vu ; ce qui se voit, ce n'est pas Lui. Le Principe ne peut pas être énoncé ; ce qui s'énonce, ce n'est pas Lui... Le Principe, ne pouvant pas être imaginé, ne peut pas non plus être décrit [2]. » Tout ce qui peut être vu, entendu, imaginé, énoncé ou décrit, appartient nécessairement à la manifestation, et même à la manifestation formelle ; c'est donc, en réalité, la circonférence qui est partout, puisque tous les lieux de l'espace, ou, plus généralement, toutes les choses manifestées (l'espace n'étant ici qu'un symbole de la manifestation universelle), « toutes les contingences, les distinctions et les individualités », ne sont que des éléments du « courant des formes », des points de la circonférence de la « roue cosmique. Donc, pour résumer ceci en quelques mots, nous pouvons dire que, non seulement dans l'espace, mais dans tout ce qui est manifesté, c'est l'extérieur ou la circonférence qui est partout, tandis que le centre n'est nulle part, puisqu'il est non-manifesté ; mais (et c'est ici que l'expression du « sens inverse » prend toute sa force significative) le manifesté ne serait absolument rien sans ce point essentiel, qui n'est lui-même rien de manifesté, et qui, précisément en raison de sa non-manifestation, contient en principe toutes les manifestations possibles, étant véritablement le « moteur immobile » de toutes choses, l'origine immuable de toute différenciation et de toute modifications. Ce point produit tout l'espace

1 *Tchoang-tseu*, chap. II.
2 *Ibid.*, chap. XXII. — Cf. *L'Homme et son devenir* selon le *Vêdânta*, chap. XV, 3ᵉ éd.

(ainsi que les autres manifestations) en sortant de lui-même en quelque sorte, par le déploiement de ses virtualités en une multitude indéfinie de modalités, desquelles il remplit cet espace tout entier ; mais, quand nous disons qu'il sort de lui-même pour effectuer ce développement, il ne faudrait pas prendre à la lettre cette expression très imparfaite, car ce serait là une grossière erreur. En réalité, le point principiel dont nous parlons, n'étant jamais soumis à l'espace, puisque c'est lui qui l'effectue et que le rapport de dépendance (ou le rapport causal) n'est évidemment pas réversible, demeure « non affecté » par les conditions de ses modalités quelconques, d'où il résulte qu'il ne cesse point d'être identique à lui-même. Quand il a réalisé sa possibilité totale, c'est pour revenir (mais sans que l'idée de « retour » ou de « recommencement » soit cependant aucunement applicable ici) à la « fin qui est identique au commencement », c'est-à-dire à cette Unité première qui contenait tout en principe, Unité qui, étant lui-même (considéré comme le « Soi »), ne peut en aucune façon devenir autre que lui-même (ce qui impliquerait une dualité), et dont, par conséquent, envisagé en lui-même, il n'était point sorti. D'ailleurs, tant qu'il s'agit de l'être en soi, symbolisé par le point, et même de l'Être universel, nous ne pouvons parler que de l'Unité, comme nous venons de le faire ; mais, si nous voulions, en dépassant les bornes de l'Être même, envisager la Perfection absolue, nous devrions passer en même temps, par delà cette Unité, au Zéro métaphysique, qu'aucun symbolisme ne saurait représenter, non plus qu'aucun nom ne saurait le nommer [1].

Chapitre XXX
DERNIÈRES REMARQUES SUR LE SYMPOLISME SPATIAL

Dans tout ce qui précède, nous n'avons pas cherché à établir une distinction nette entre les significations respectives des deux termes « espace » et « étendue », et, dans bien des cas, nous les avons même employés à peu près indifféremment l'un pour l'autre ; cette distinction, comme celle du « temps » et de la « durée », peut être d'un grand usage pour certaines subtilités philo-

---
[1] Voir *L'Homme et son devenir selon le Vêdânta*, chap. XV, 3ᵉ éd.

sophiques, elle peut même avoir quelque valeur réelle au point de vue cosmologique, mais, assurément, la métaphysique pure n'en a que faire [1]. D'ailleurs, d'une façon générale, nous préférons nous abstenir de toutes les complications de langage qui ne seraient pas strictement nécessaires à la clarté et à la précision de notre exposé ; et, suivant une déclaration qui n'est pas de nous, mais que nous pouvons entièrement faire nôtre, « nous répugnons à charger la métaphysique d'une nouvelle terminologie, nous rappelant que les terminologies sont des sujets de discussions, d'erreurs et de discrédit ; ceux qui les créent, pour les besoins apparents de leurs démonstrations, en hérissent incompréhensiblement leurs textes, et s'y attachent avec tant d'amour que souvent ces terminologies, arides et inutiles, finissent par constituer l'unique nouveauté du système proposé » [2].

En dehors de ces raisons générales, s'il nous est arrivé souvent d'appeler espace ce qui, à proprement parler, n'est en réalité qu'une étendue particulière à trois dimensions, c'est que même, dans le plus haut degré d'universalisation, du symbole spatial que nous avons étudié, nous n'avons pas dépassé les limites de cette étendue, prise pour donner une figuration, nécessairement imparfaite comme nous l'avons expliqué, de l'être total. Cependant, si l'on voulait s'astreindre à un langage plus rigoureux, on devrait sans doute n'employer le mot « espace » que pour désigner l'ensemble de toutes les étendues particulières ; ainsi, la possibilité spatiale, dont l'actualisation constitue une des conditions spéciales de certaines modalités de manifestation (telles que notre modalité corporelle, en particulier) dans le degré d'existence auquel appartient l'état humain, contient dans son indéfinité toutes les étendues possibles, dont chacune est elle-même indéfinie à un moindre degré, et qui

---

[1] Tandis que l'étude est habituellement considérée comme une particularisation de l'espace, le rapport du temps et de la durée est parfois envisagé dans un sens opposé : selon certaines conceptions, en effet, et notamment celle des philosophes scolastiques, le temps n'est qu'un mode particulier de la durée ; mais ceci, qui est d'ailleurs parfaitement acceptable, se rattache à des considérations qui sont étrangères à notre sujet. Tout ce que nous pouvons dire à cet égard, c'est que le terme « durée » est pris alors pour désigner généralement tout mode de succession, c'est-à-dire en somme toute condition qui, dans d'autres états d'existence, peut correspondre analogiquement à ce qu'est le temps dans l'état humain ; mais l'emploi de ce terme risque peut-être de donner lieu à certaines confusions.
[2] Matgioi, *La Voie Métaphysique,* p. 33 (note).

peuvent différer entre elles par le nombre des dimensions ou par d'autres caractéristiques ; et il est d'ailleurs évident que l'étendue dite « euclidienne », qu'étudie la géométrie ordinaire, n'est qu'un cas particulier de l'étendue à trois dimensions, puisqu'elle n'en est pas la seule modalité concevable [1].

Malgré cela, la possibilité spatiale, même dans toute cette généralité où nous l'envisageons, n'est encore qu'une possibilité déterminée, indéfinie sans doute, et même indéfinie à une puissance multiple, mais néanmoins finie, puisque, comme le montre en particulier la production de la série des nombres à partir de l'unité, l'indéfini procède du fini, ce qui n'est possible qu'à la condition que le fini lui-même contienne en puissance cet indéfini ; et il est bien évident que le « plus » ne peut pas sortir du « moins », ni l'infini du fini. D'ailleurs, s'il en était autrement, la coexistence d'une indéfinité d'autres possibilités, qui ne sont pas comprises dans celle-là [2], et dont chacune est également susceptible d'un développement indéfini, serait impossible ; et cette seule considération, à défaut de toute autre, suffirait pleinement à démontrer l'absurdité de cet « espace infini » dont on a tant abusé [3], car ne peut être vraiment infini que ce qui comprend tout, ce hors de quoi il n'y a absolument rien qui puisse le limiter d'une façon quelconque, c'est-à-dire la Possibilité totale et universelle [4].

1 La parfaite cohérence logique des diverses géométries « non-euclidiennes » en est une preuve suffisante ; mais, bien entendu, ce n'est pas ici le lieu d'insister sur la signification et la portée de ces géométries, non plus que sur celles de l'« hypergéométrie » ou géométrie à plus de trois dimension.
2 Pour s'en tenir à ce qui est connu de tout le monde, la pensée ordinaire elle-même, telle que l'envisagent les psychologues, est en dehors de l'espace et ne peut s'y situer en aucune façon.
3 Aussi bien, d'ailleurs, que celle du « nombre infini » ; d'une façon générale, le prétendu « infini quantitatif », sous toutes ses formes, n'est et ne peut être purement et simplement que de l'infini ; par là disparaissent toutes les contradictions inhérentes à ce soi-disant infini, et qui embarrassent si fort les mathématiciens et les philosophes.
4 S'il nous est impossible, comme nous l'avons dit plus haut, d'admettre le point de vue étroit du géocentrisme, habituellement lié à l'anthropomorphisme, nous n'approuvons donc pas davantage cette sorte de lyrisme scientifique, ou plutôt pseudo-scientifique, qui paraît surtout cher à certains astronomes, et où il est sans cesse question de l'« espace infini » et du « temps éternel », qui sont, nous le répétons, de pures absurdités, puisque précisément, ne peut être infini et éternel que ce qui est indépendant de l'espace et du temps ; ce n'est encore là, au fond, qu'une des nombreuses tentatives de l'esprit moderne pour limiter la Possibilité universelle à la mesure de ses propres capacités, qui ne dépassent guère les bornes du monde sensible.

Nous arrêtons là le présent exposé, réservant pour une autre étude le surplus des considérations relatives à la théorie métaphysique des états multiples de l'être, que nous envisagerons alors indépendamment du symbolisme géométrique auquel elle donne lieu. Pour rester dans les limites que nous entendons nous imposer pour le moment, nous ajouterons simplement ceci, qui nous servira de conclusion : c'est par la conscience de l'Identité de l'Être, permanente à travers toutes les modifications indéfiniment multiples de l'Existence unique, que se manifeste, au centre même de notre état humain aussi bien que de tous les autres états, cet élément transcendant et informel, donc non-incarné et non-individualisé, qui est appelé le « Rayon Céleste » ; et c'est cette conscience, supérieure par là même à toute faculté de l'ordre formel, donc essentiellement supra-rationnelle, et impliquant l'assentiment de la loi d'harmonie qui relie et unit toutes choses dans l'Univers, c'est, disons-nous, cette conscience qui, pour notre être individuel, mais indépendamment de lui et des conditions auxquelles il est soumis, constitue véritablement la « sensation de l'éternité [1] ».

---

[1] Il va de soi que le mot « sensation » n'est pas pris ici dans son sens propre, mais qu'il doit être entendu, par transposition analogique, d'une faculté intuitive, qui saisit immédiatement son objet, comme la sensation le fait dans son ordre ; mais il y a là toute la différence qui sépare l'intuition intellectuelle de l'intuition sensible, le supra-rationnel de l'infra-rationnel.

Milton Keynes UK
Ingram Content Group UK Ltd.
UKHW021913231124
451423UK00006B/704

9 782379 761980